出版人に聞く 12

『奇譚クラブ』から『裏窓』へ

IIDA Toyokazu
飯田豊一

論創社

『奇譚クラブ』から『裏窓』へ　目次

第Ⅰ部

第Ⅱ部

第Ⅳ部

第Ⅴ部

『奇譚クラブ』から『裏窓』へ

インタビュー・構成　小田光雄

第Ⅰ部

1　前口上

――飯田さん、今日はお目にかかれて大変うれしく存じます。

飯田　いやいや、こちらこそ。

――飯田さんといっても、出版業界でその名前を知っているのはもはや少数でしょうし、むしろペンネームの濡木痴夢男のほうが知られていると思います。飯田さんは濡木名義で河出文庫の『「奇譚クラブ」の絵師たち』『「奇譚クラブ」とその周辺』『緊縛の美・緊縛の悦楽』『実録縛りと責め』など六冊を刊行されていますので。

これらはいずれもオリジナル版、もしくは書き下ろしとなっていますが、どういう経緯があって出されたのでしょうか。

2　河出文庫の経緯

飯田　河出書房新社編集部の福島紀幸さんからオファーがあって、一九九九年に『緊縛の美・緊縛の悦楽』を出したのがきっかけです。

これには少し説明が必要でしょう。私は四十年以上ＳＭ雑誌に関わってきたので、これまで六

千人以上の女性を縛ってきた。でも八〇年代にＳＭ雑誌が乱立し、毎月十誌を越える撮影に立ち合い、毎日のようにモデル女性を縛らなければならない状態になると、自分の好みよりも、撮影現場の状況や編集者が示すテーマや解釈に合わせて緊縛するようになってしまった。それはそれで楽しく、みんなでひとつのドラマを上演するような充実感があった。

しかしそのうちに本来のＳＭの魅力とか快楽を追求する視点は後退し、少数派のマニアではなく、多数派の読者に向けてのわかりやすい迎合的なエロティシズムに内容が染められていった。

——よろしければ、それを具体的に説明してくれませんか。

飯田　緊縛の美というものは物語性と屈折のシチュエーションが不可欠であり、それは女性の両足をぴったり合わせて縄にかける縛り方に表われると思います。でもセックスだけを単純に考える男性は女性の両足を大きく左右に広げ、こう縛れば女は楽に犯せるといった安易なイメージを好む。多数派の読者はそちらを望むので、雑誌の内容もそれに合わせられ、私としてはストレスがたまるばかりだった。それで八五年に同志をつのり、緊縛美研究会を発足させた。カメラマンの不二秋夫が強力な仲間となったこともあって、グループ名を「不二企画」、その仕事のひとつを「緊美研」の活動としたわけです。私が前面に立ち、いきなり緊縛美研究会を名乗ると、SM愛好家はシャイだし、孤独で用心深いこともわかっているので、かえって人が集まらないと思ったからです。

3　緊縛美研究会

――なるほど、そういった流れがあって、九六年に濡木と不二監修の秋田昌美『日本緊縛写真史』(自由国民社)も出されたわけですね。

飯田　そうです。『日本緊縛写真史』は緊美研が発足して十年後の企画ですが、一年後の八六年に会員有志の発案と協力で、不二企画発行、濡木責任編集『緊美研通信』を不定期刊で創刊し、それに合わせ、所謂SMビデオとはまったく異なる「緊美研ビデオ」が誕生した。

――私の知人も一度緊美研の例会に参加したといっていましたが、会員数をさしつかえなければ教えて下さい。

飯田　九九年時点で、例会参加会員は述べ六千六百人、そのうちのモデル女性は百五十人、「緊美研ビデオ」も三百タイトルに達している。福島さんはそれまでに出ていた『緊美研通信』創刊号から二十二号までを丁寧に隅から隅まで読み、それで『緊縛の美・緊縛の悦楽』の書き下ろしを依頼してきたのです。

――そういうことだったのですか。私は奥付を確かめもせず、『「奇譚クラブ」の絵師たち』や『「奇譚クラブ」とその周辺』から読んだことと時間軸もあり、こちらが先で、それから「緊美研」関連の『緊縛の美・緊縛の悦楽』や『実録縛りと責め』が後だと錯覚していました。

飯田　それで〇八年の『緊縛★命あるかぎり』を含め、六冊出したことになります。ところがそこで福島さんが退職されたので、それ以後も続けて出してもらうはずだった『美濃村晃伝』(仮題)が宙に浮いてしまった。

――こちらはコピーで拝見しておりますし、ぜひこのインタビューにも役立てたいと考えております。

私はSMや緊縛や女性にもまったく不調法、不案内なので、緊美研やその関連書についても何も言及する立場にありませんが、それでも福島さんが飯田さんの本を文庫で企画されたことはとても有意義な仕事だったと思っています。〇三年の北原童夢と早乙女宏美の共著『「奇譚クラブ」の人々』も福島さんの企画でしょうし、『「奇譚クラブ」の絵師たち』は〇四年、『「奇譚クラブ」とその周辺』は〇六年ですので、続けて『奇譚クラブ』を再発見、再評価させる三冊を刊行したことになりますから。

飯田　そこら辺をもう少し詳しくうかがいたいな。

4　『奇譚クラブ』と『裏窓』

――　私たち戦後世代、といっても五〇年代初頭の生まれですと、『奇譚クラブ』が本格的な変態雑誌として確立された頃に生を受け、一緒に成長したようなクロニクルになるわけですが、少なくとも私の場合はリアルタイムでは読んでいない。もちろんいくつか年長の団塊の世代になるとわかりませんけど。

どうしてかというと、これは「出版人に聞く」シリーズ10の内藤三津子さんの『薔薇十字社とその軌跡』でもふれましたが、澁澤龍彦や『血と薔薇』の影響を強く受け、ＳＭといってもサドやマゾッホを意味し、どちらかというと日本的な隠花植物的イメージがあった『奇譚クラブ』を読むことはなかったのです。

その代わりといっては何ですけれど、『裏窓』のほうは気になり、通読しなかったにしても、何度か手に取ったりしていた。それは私が早川書房の『ＥＱＭＭ』の読者で、『裏窓』も同じ丸背のＡ５判だったことから、書店ではその隣りに置かれていて、実際に見ています。中学生の頃でした。

飯田　最初『裏窓』は角背で、丸背になったのは私が編集長になった頃だから、もう半世紀近く前ということになるね。

――　そうなんです。もちろん当時飯田さんが編集長だったことは知りませんでしたけど、『裏窓』の表紙が発している独特なムードはずっと記憶に残っていました。今回のインタビューのために一九六三年の『裏窓』を十二冊買い、ここに持ってきたのですが、それらを見ていて、その記憶が蘇ってきた。

飯田　これらの表紙の写真は吉田久というカメラマンによるもので、彼には別名の毛卓三も名乗ってもらっていたし、確かモデルの一人は奥さんだった。

――　この年の表紙には三人ほどモデルがいて、一人は『「奇譚クラブ」の絵師たち』に出てくる柚木あぐりですね。

その他にも先の『日本緊縛写真史』の中に吉田久と毛卓三が撮った『裏窓』掲載写真が四十ページにわたって八十枚ほどが収録されています。

飯田　これらは私が緊縛したり、演出したものです。

5　カメラマンとモデルたち

――確かに若かりし頃の飯田さんの姿も映っていて、その時代を彷彿とさせる。ところでこの吉田久＝毛卓三というカメラマンはどのような人だったのでしょうか。

飯田　当時吉田さんは新宿区戸山町の戸山ハイツに住み、そこをスタジオにしていて、緊縛美を理解し、ライテングを施し、縄と女体がかもし出す美しい瞬間を狙ってシャッターを押すことのできる数少ないカメラマンの一人だった。彼は『裏窓』廃刊後にアメリカに渡り、ロスアンジェルス郊外でカメラマン生活を続けていたようですが、その後消息不明になってしまった。

――とすれば、吉田の写真の仕事としてまとまって残されているのはこれらの緊縛写真しかないのかもしれませんね。

カメラマンについてお尋ねしましたので、ついでにお聞きしますが、これらのモデルはどういう女性たちだったのでしょうか。モデル名としてここでも柚木あぐりの他に、小笠原純子、南ゆり、新宮美沙、冬木朝美、牧このみ、高倉光子などが挙がっていますが。

飯田　柚木あぐりは『裏窓』に縛られるモデルをやりたいといってきた関西の女性で、当時そのような女性は少なかったこともあって、とりわけ私たちとは親密な関係だった。その他のモデルたちはほとんどがヌード劇場に出演していた踊り子です。

吉田さんが他の雑誌のヌードグラビア写真も撮っていて、劇場によく出入りしていた関係もあり、私も浅草のカジノ座、ロック座、フランス座などの楽屋を直接訪ね、出てもらう交渉したものです。

――そうですよね。AV女優があふれんばかりに露出している現代と異なり、そうしたモデル女性の需要と供給はきわめて限られていたわけですから。

飯田　それは『裏窓』のようなアブノーマル雑誌が置かれていた状況も同じで、今ではコンビニに成人雑誌コーナーが設けられ、誰でも気軽に手に取れるし、買える時代になっているけれど、まったく時代がちがっていた。これは若い人に説明してももうわからなくなっている。緊縛についても、先日ラジオを聞いていたら、売れっ子の女性アナウンサーが亀甲縛り云々としゃべっていた。これは所謂SM用語ですのに、それを平気で昼間から公共放送で話している。時代がとんでもないところまできてしまったと実感するしかなかった。

6　近代出版史、伊藤晴雨、伊藤竹酔

――それらのことも含め、飯田さんが関わった『奇譚クラブ』や『裏窓』は先駆的役割を果たし、現在の文化状況とはそれらをただ消費しているに過ぎないのではないかという思いに迫られるわけです。

それから近代出版史の文脈で考えますと、昭和円本時代が同時にエロ・グロ・ナンセンス時代でもあり、大量の円本が出される一方で、梅原北明たちを始めとして、多くのアンダーグラウンド的ポルノグラフィ出版、性や犯罪をめぐる変態、猟奇的雑誌や書籍も刊行されるようになる。こうした出版の流れがあって、戦後のカストリ雑誌の百花斉放も生じたと考えられます。

それを教えてくれたのは他ならぬ飯田さんの『「奇譚クラブ」の絵師たち』と『「奇譚クラブ」とその周辺』でした。しかも後者は『奇譚クラブ』だけでなく、『『裏窓』とその周辺」といった内容で、ここで初めて『奇譚クラブ』と『裏窓』がつながっていたことを知りました。

飯田　『裏窓』の休刊が一九六五年、『奇譚クラブ』はそれより遅く、七五年まで続きましたが、やはり休刊になっている。しかも両誌とも全盛だったのは五〇年代後半から六〇年代にかけてだから、半世紀前のことで、関係者の大半が亡くなってしまい、残っているのは私だけかもしれませんね。

――　そうだと思います。それで飯田さんにインタビューしておかないと、両誌のことも出版史に記録されずに終わってしまうのではないかと危惧していました。今回はそれが実現しましたことは本当によかったと感謝しております。

両誌やその周辺の雑誌の収集に関しては、飯田橋の風俗資料館が日本で唯一のＳＭ・フェティズム専門図書館として約一万七千冊を架蔵していて、その分野の貴重なアーカイヴとなっていますが、当事者、関係者の証言を得ないと、わからない事柄が多いことは自明です。

それらについて、『「奇譚クラブ」とその周辺』で、伊藤晴雨や伊藤竹酔との関係が語られていて、やっぱりそうだったかという思いで読みました。

飯田　「飛鳥山の竹酔」のところかな。

――そうです。そこで飯田さんは竹酔のことを、戦前から戦後にかけて粋古堂という出版社を営み、伊藤晴雨の著作、画集、写真を刊行した人物として紹介しています。しかもその一冊である『新版・美人乱舞』をもらったことも含めて。

飯田　あれは私が二十七歳の頃だったはずだから、一九五七、八年のことで、竹酔が大入道のように見えたこと、『奇譚クラブ』や須磨利之のルーツがここにあるのかと思ったことなど、本当に印象的で、いまだもって忘れられない出会いでもあった。

晴雨は六一年に七十八歳、竹酔は六五年に八十一歳で亡くなっている。晴雨に会ったというより見たのは確か五三年の鈴本演芸場で、お二人とも晩年にお目にかかったことになる。

――その竹酔のほうですが、彼は大柴四郎によって一八八六年に創業された医学書の朝香屋に入り、支配人となり、梅原北明と知り合います。それで梅原訳の『露西亜大革命史』やボカッチオの『デカメロン』を出し、さらにプロレタリア雑誌『文藝市場』を創刊する。ところが大赤字だったために、二人は盟友としてポルノグラフィなどのアンダーグラウンド的出版を手がけ、それは多種多様な人脈を形成し、展開されていくことになります。その一人が伊藤晴雨で、竹酔は一九三二年に粋古堂から飯田さんがもらった『新版・美人乱舞』の前版『美人乱舞』を刊行しています。

飯田　そうでしたか。確かに出版史的に見ると、そういうふうにつながっているわけですね。

7　倶楽部雑誌

――その戦前からの出版の地下水脈みたいなものが確固としてあって、それが戦後のカストリ雑誌の簇生にも結びついているはずで、『奇譚クラブ』創刊もその流れに属すると思います。

飯田　それで思い出しましたけど、所謂倶楽部雑誌の流れも重なっていますね。六〇年代まで読切雑誌がいっぱいあって、私の周辺でもそれに関わっている編集者や作家たちがかなりいました。私も二冊ほど手がけている。これは編集というか、つくり方が実にいい加減でずさんだった。そういうこともあって、山手線の内側では売れないから、外側で売ることを営業方針としていた。

――実は倶楽部雑誌に関しても一本刊行するつもりで、実際にそれに関係していた双葉社の編集者にインタビューすることになっています。

飯田　双葉社のどなたですか。実は私が手がけた倶楽部雑誌は双葉社の『読切雑誌』と『傑作倶楽部』ですから。

――塩澤実信さんといって、今は出版評論家ですが、『週刊大衆』の創刊編集長で、阿佐田哲也に『麻雀放浪記』を書かせた人です。彼も常々今まで語られてきた出版史や文学史は氷山の一角であって、水面下に隠れている部分のほうがはるかに人間臭く、重要な事柄が秘められているといっている。

飯田　塩澤さんとはお会いしていないけれど、それは面白いですね。ぜひ実現させて下さい。おそらく八十歳以上の出版関係者じゃないとわからないでしょう。倶楽部雑誌の出版社の多くは御徒町の上野のガード沿いにあったんです。

――まさに塩澤さんも飯田さんと同じく八十歳を超えられているので、こちらも近々インタビュー予定でいます。本当に倶楽部雑誌の内幕を知っている編集者も少なくなっていますから。

8　晴雨ルネサンス

――ところで話を戻しますが、飯田さんたちの先達である伊藤晴雨に関しては九〇年代後半になって、晴雨ルネサンスとでもいう時期を迎えました。『芸術新潮』の九五年四月号の特集「幻の責め絵伊藤晴雨」を皮切りに、続けて新潮社が『伊藤晴雨写真帖責め絵の女』『伊藤晴雨自画自伝』『伊藤晴雨画集』を出した。さらに弓立社から『美人乱舞』、二見書房から絵巻『地獄の女』『論語通解』などを収録した『伊藤晴雨・幻の秘画帖』、国書刊行会から『江戸と東京風俗野史』も出て、それまで定かではなかった晴雨の全貌が一挙に明らかになった感がありました。

飯田　あれはいささか驚きで、『奇譚クラブ』や『裏窓』が悪書と呼ばれ、糾弾された時代から八〇年代のＳＭ雑誌乱立の時期を経て、その原点である伊藤晴雨がようやく広く評価を得たことになります。でも複雑な気持でもある。

　私はこの歳になるまで、冠婚葬祭に呼ばれたことがないわけです。それも周囲の人間は私が変態雑誌の編集や緊縛の仕事に長い間携わってきたのを知っているからです。最近のラジオを聞いていると、女性の局アナが平気でレズやホモの世界を語り、さっきの話じゃないけれど、そんなことをすると亀甲縛りにするなんていっていますけど、私たちに対する差別目線は消えていないんでしょうね。

――それでは結婚式も葬式もほとんど出たことがないというわけですか。

飯田　それだけでなく、今でも誰かに見られると困るから一緒に歩いてくれるなといわれていますよ。だから伊藤晴雨が一時もてはやされたにしても、晴雨は私たちの原点でもあるわけだから、そういう差別目線は払拭されていないんじゃないかな。

　それでも弓立社の『美人乱舞』の中に、喜多玲子・須磨利之宛の「伊藤晴雨書簡昭和二十六年〜二十九年」と美濃村晃の「巨星落ちたり」が収録されたのは称賛すべき編集だった。

――　それはとてもよくわかります。この二つを含むことで、伊藤晴雨から『奇譚クラブ』の須磨利之＝喜多玲子＝美濃村晃への流れと構図がはっきり示されたわけですから。

ここでは晴雨について詳しくふれられないので、やはり同様に収録されている高橋鐵の「晴雨讃」に見られる「お江戸の南方熊楠」「筆をとれば粋と啖呵の江戸劇作者、頭のひきだし一ぱいつまった時代考証家、人情も礼儀も心得た明治ヒューマニスト、乱れ髪と哀歓まじえた女体美の情調派、異常な記憶力をもつ風俗史家」というオマージュを紹介しておきます。

この晴雨を師と仰ぐ須磨＝喜多＝美濃村と飯田さんは「御神酒徳利」のような関係にあり、前述しました未刊の『美濃村晃伝』も著わしておられるので、いくつものペンネームを持つ須磨と『奇譚クラブ』のことから入っていきたいと思います。

美濃村は伊藤晴雨伝の「巨星落ちたり」の書き出しで、自分は本来「画かき」だったが、投稿がきっかけとなり、『奇譚クラブ』の編集に携わるようになったと書いています。それをフォローして頂けませんか。

飯田　河出文庫の二冊にも書いておきましたが、やはり『奇譚クラブ』の始まりから述べていかないと、『裏窓』に至るストーリーがわかりません。だが幸いなことに須磨がかなり詳しく語ってくれたので、彼の経歴なども含め、話してみましょう。どうしても重複することになってしまうけれど。

――　いえ、それはまったくかまいませんので、ぜひお願いします。

9　カストリ雑誌

飯田　まず『奇譚クラブ』というのは最初からアブノーマルな雑誌ではなく、戦後に多く出されたカストリ雑誌に分類される性的風俗実話雑誌だった。

――　それは承知していますが、カストリ雑誌といっても、意味がわからない読者も多くなっていると考えられますので、その定義を示しておきます。いくつかの事典を参照しましたが、『大衆文化事典』（弘文堂）の記述が最もふさわしいので、それを引きます。

カストリ雑誌

敗戦後の日本の大衆文化は、屑紙を再製した仙花紙から「再生」していったともいわれる。1945年から50年頃にかけての混乱期、用紙統制の枠外にあったその粗悪な仙花紙を用い、エロ・グロを目一杯盛り込み、やたら刺激の強い風俗を扱う大衆娯楽雑誌の一群が現れては消えていった。当時、闇市に出回っていた密造酒「かすとり焼酎」はアルコールの刺激ばかりが強い酒。3合ほども呑めば「目がつぶれる」といわれたことから、創刊されては3号あたりでつぶれていくことの多いそれらの雑誌を、誰いうとなく「カストリ雑誌」とよんだ。不安定な経済を背景に発行元もチリ紙のように、吹けば飛ぶようなものだったから当事者たちが自嘲していう意味も込められている。続々と出され、そのタイトル数も数百種におよぶと推定されるが、同じ雑誌で、表紙と誌名だけを変えて、何度も創廃刊を繰り返したものも多かった。『りべらる』『赤と黒』（後に『人間復興』）、『猟奇』『夫婦生活』『マダム』『犯罪実話』『真相』『くいーん』『オーケー』『実話』『デカメロン』といったところが代表的なもの。性風俗を扱ったものが主だが、中間小説的なもの、犯罪・実話、暴露小説風のものまで多岐のジャンルにまたがる。たびたび刑法175条に触れ、取締りの対象ともなる。是非を超えて、活字に飢えていた戦後、日本の風俗史の上からも貴重な一群の雑誌となっている。

飯田　そんなところでしょうね。私自身もまた性に対して最も多感な少年時代をカストリ雑誌の洪水の中で過ごしています。

――　カストリ雑誌に関しては山本明の『カストリ雑誌研究』（中公文庫）や『カストリ復刻版』（日本出版社）なども出ていまして、千種類近く刊行されたそれらの一端をうかがうことができます。また幸いなことに前者には一九四九年十月十日刊行の曙書房『奇譚クラブ』が掲載されている。これは「戦争と性欲特大号」とあり、六十八ページ、五十五円で、その目次も収録されています。

飯田　その号は見ていないと思いますね。ただ四九年段階では須磨が編集に携わっていたにしても、まだ彼のカラーはそんなに投影されていない。それが顕著になるのは五〇年くらいからで、風俗資料館の『奇譚クラブ』の表紙と内容を見るとわかります。

10　『奇譚クラブ』創刊、吉田稔、須磨利之

――『奇譚クラブ』の創刊は何年でしたか。

飯田　敗戦の翌々年の四七年です。その当時の雑誌の常として、月刊ではなく二ヵ月、もしくは三ヵ月毎に出ていた。創刊した吉田稔は新聞記者を経て、戦時中は南方戦線の従軍記者だったという経歴で、戦争から戻り、大阪で曙書房を始めた。その『奇譚クラブ』の編集人は箕田京二とあるけれど、これは発行人の吉田と同一人物です。

一方で須磨は海軍上等兵曹として敗戦を迎え、復員して故郷の京都へと戻ってくる。彼は二十五歳で、吉田より二歳下だった。京都のローカル新聞編集部に入り、そこにいた杉山清詩という人の紹介で、『奇譚クラブ』の編集に携わることになる。後にこの人はカストリ雑誌系の探偵小説家でもあり、『裏窓』にも書くようになる。

――一説によりますと、カストリ雑誌ブームも下火になり、『奇譚クラブ』も売れ行きが悪く、倒産寸前だった。そこで須磨がアブノーマル雑誌への転換を吉田に提言し、誌面が変貌を遂げていったと伝えられていますが。

飯田　そう考えていいんじゃないですか。

五〇年頃からまず表紙が変わり、須磨のセンスと体臭が伝わってくるような感じになっていた。その表紙画は闇市の古本屋の店頭にあったヨーロッパの性的風刺画めいた絵を転載したもので、須磨の助言によって吉田がそれらの束を買い求め、『奇譚クラブ』の表紙に一貫して採用し、それが他の性的風俗雑誌とは異なるという印象を与えることになった。実際に私もそれにまず魅せられました。

―― その風刺画なんですが、これらはフックスの『風俗の歴史』や同じくフックスとキントの『女天下』の原著の図版だと考えていいでしょうか。原著は菊倍判以上で、とても迫力があるし、『奇譚クラブ』の五二年七月号は「女天下時代特集号」ですし、これらの図版を使用したことから、西洋系、すなわち白人女性崇拝系のマゾヒストたちの読者を獲得できたのではないかとも見ています。

飯田 そのとおりだと思いますよ。それがマゾヒストたちに向けて発せられた独特なシグナルとなり、彼らを引き寄せる重要な役割を果たした。沼正三が『家畜人ヤプー』や『ある夢想家の手帖から』を寄稿連載するようになったのもそれらの図版の採用を抜きにして語れないでしょう。

それから驚嘆すべきなのは須磨のアブノーマル雑誌に関する編集能力で、画家だったことも加わり、天才的な器用さを発揮したことです。一人で百点近い各ページのイラスト、カット、レタリングを悠々とこなし、さらに優れた文章力を駆使し、こちらも一人で多くの小説や読物や囲み記事なども書いていた。

11　喜多玲子のこと

――その絵のほうのペンネームのひとつが喜多玲子で、伊藤晴雨がこの絵に惚れこみ、女性だとばかり思い、喜多宛に手紙を送ってくることになり、それが先ほどの「伊藤晴雨書簡」につながるわけですね。

飯田　これはご存知でしょうけど、喜多玲子は須磨の奥さんの名前からとっている。

――この画家としての喜多玲子の登場が『奇譚クラブ』においても画期的だったと考えてよろしいんでしょうか。

飯田　それはアブノーマル雑誌における驚嘆すべき出来事だったはずです。

須磨は私に自分の性向のよってきたるべき事柄、子供の頃に母親が土蔵で縛られていたのを見たとか、戦争での捕虜体験とか、遊郭での経験とかを様々に語ってくれましたが、私はプライベートな話に立ち入ることを好まなかったので、あまり熱心に聞いていなかった。それに彼の話は人を楽しませるための創作が多いこともあって、聞き流していたというのも事実です。今となっては少し残念だったような気もしますが。

でもそれらはともかく、須磨のアブノーマル性向はS性四分、M性六分だと思う。普通のS男であれば、女を裸にして縛ったり、鞭で叩いたりするのが欲望ということになる。ところが須磨の場合、M性が喜多玲子という女性、及び女である玲子に乗り移り、縛られ、責められる妖しく美しい絵となって表現される。つまり須磨は責められる女の心になりきり、SとMの快楽の入り組んだ構図をリアルに、しかも女性名で描いたことは画期的だったわけで、喜多玲子は熱烈なファンを獲得するに至った。私もそうだったから断言していい。

――それは喜多玲子だけでなく、多くのペンネームが駆使され、『奇譚クラブ』のいわばリニューアルへと反映されていったわけですね。

飯田　そういうことです。その他にも挿絵は須磨としゅき、美濃村晃、今幾久造、竹中英二郎、小説は高月大三、早乙女晃、壬生すみ子、藤安節子、花山剣作などのペンネームが使われ、まだ挙げていけばきりがないほどでしょう。

12　特異な編集者須磨

――ということは一冊分のかなりの部分を須磨が一人で受け持っていたことになりますか。

飯田　その理由として三つほど挙げられます。

ひとつは編集に金をかけないで、手早く一冊の雑誌を仕上げてしまうことが須磨の得意技だったことで、その編集に没頭している間が彼の最も幸せな時だった。

ふたつ目はアブノーマル雑誌をめざす以上、マニアの読者を相手にするわけだから、誌面のすべてに手抜き、内容に関する誤解、表現の曖昧さ、知ったかぶりがあってはならないし、そうした誠実な編集を通じて、読者に信頼感を与え、レベルの高い投稿を促す目的も秘められていた。

――確かに『家畜人ヤプー』のみならず、団鬼六の『花と蛇』もそのようにして連載が始まったわけですから。

飯田 それから三つ目は須磨がめざしたようなアブノーマル雑誌はこれまで出現していなかったから、原稿の内容を理解し、それを的確に表現できるイラストレーター、足りない原稿を頼む執筆者もいなかったことにも起因している。それで須磨は編集者、イラストレーター、執筆者も兼ねなければならなかったのです。

――でもそれが結果的に『奇譚クラブ』の特殊な読者層が形成され、特異なクオリティマガジンへと成長していった。

川端康成、三島由紀夫、江戸川乱歩、澁澤龍彦、寺山修司たちも熱心な読者だったことは、彼らもそのように須磨が微に入り細に入り仕掛けたアブノーマルワールドに魅了されたからでしょうね。このシリーズ10の『薔薇十字社とその軌跡』の中における内藤さんの証言によれば、三島や澁澤は『奇譚クラブ』を隅から隅まで読んでいたといいますから。

飯田 彼らばかりでなく、思わぬ人が読者だったことはよくありました。これは『裏窓』時代になってですが、竹中労が訪ねてきた。竹中英二郎名の挿絵が父親の竹中英太郎とそっくりなので、英二郎は父の弟子ではないかと思ったようです。須磨は恐縮して、お会いしたことはないが、私淑しておりましてと弁解している場面に立ち合っている。

――それは何となくおかしい。

飯田　とにかく須磨の才能は経営者の吉田にしてみれば、こんなに都合がよく、便利な編集者はいない。しかも須磨のアブノーマル雑誌へという意図は五〇年頃から徐々に実を結び、売上部数も増えてくる。それについて須磨が私にいった言葉を今でも覚えています。「はじめのうちは、変態を好む読者なんてそんなにいるものだろうかと吉田さんも不安がってたんだけど、売れてみれば、よし、これでいこうということになったんだよ」と。

おそらく同時に吉田は聡明な人物ゆえに「変態の趣味をもたない編集者に、変態の読者を相手にする雑誌がつくれるはずはない」という真理も学んだはずで、だからこそ『奇譚クラブ』の編集の一切を須磨にまかせてしまうわけです。

13　アブノーマル雑誌の成立

――そこら辺のカストリ性風俗雑誌からアブノーマル雑誌への転換というのはどういう編集テクニックによってなされたのでしょうか。

飯田　具体的に説明するのはなかなか難しいけれど、その微妙なニュアンスを述べてみましょう。

須磨が目標としたのはSM趣味で『奇譚クラブ』をくるむことだったが、それは裏側に隠され、正体は見せていないにしても、全体的なムードは彼の意図する方向へと微妙に変わっていった。だが一般の読者にとってはまだまだ普通のエロ雑誌としか映らないし、目立つカットや挿絵にもアブノーマルの気配はない。しかし少しでもマニアの性癖を有する読者にとっては心にひっかかるページが何箇所か表われてくる。

―― それはどういったページなんでしょうか。

飯田 普通のエロ雑誌であれば、男女が同等の立場で納得ずくのノーマルな関係での性の場面がハイライトになるし、そこに「正常」な快楽があることになっている。

ところが須磨の『奇譚クラブ』においては、男（あるいは女）が権力者の位置に立ち、一方的な暴力によって、女（あるいは男）を凌辱する場面を扱う小説や読物が増えてくるようになる。これが未知のマニア読者に発信した須磨の密かなメッセージだった。

しかし今ではSMも大衆化されてしまい、テレビやラジオでもSMという言葉が安易に使われるようになっているけれど、あの時代には須磨がいかに確信していたにしても、一冊の雑誌を支えるほどのSMマニアの読者が日本に存在するかどうかはわからなかったはずです。先行するその種の雑誌もなかったし、もし読者が少数であれば、雑誌は立ちいかない。どれほどの読者が受け入れてくれるのか、それは採算部数を超えるのか、この時期の須磨にはそんな不安がつきまとっていたようです。
――でもそれは杞憂で、『奇譚クラブ』は順調に部数が伸びていった。

14 当時の検閲体制

飯田 そちらはクリアーしたのだけれど、もうひとつの不安があった。それははっきりとアブノーマル雑誌の看板を掲げた場合における官憲の取り締まりの餌食になることへの恐れだった。須磨は官憲が変態性欲出版物を目の仇にしていることを充分承知していた。それに世は民主主義の時代を迎え、思想も言論も自由になったと喧伝されていたけれど、いつでも少数派のマニアたちはそんなことを信じておらず、怯えていたし、いつ弾圧されるかわからないと思っていることもよく知っていた。だからそれらもあって遠回りするような用意周到な準備期間を置いた。須磨はそういう用心深くて繊細な神経で、『奇譚クラブ』の内容を変えていったのです。
私はこういう用意周到な準備期間があったればこそ、その後三十年も刊行され、SM雑誌の本流として、今でも語り継がれ、マニアたちの間に燦然と光り輝いているのだと実感しています。
――そうした細心にして八面六臂的仕事に対して、須磨はそれなりの報酬をも要求しなかったと仄聞していますが。
飯田 そもそもたくさん売れてくれなくてもいい、少し儲かって、雑誌が続けて出せるくらいがちょうどいいと思っていたから、高給を要求したりしなかったし、その代わりに好きなように自由にやらせて下さい、損はさせませんからと吉田にいっていたようですね。

――ところが、好事魔多しというか、やはりというべきか、摘発を受けるのですよね。

飯田 それは五一年一月発行の「異色愛欲譚特集号」と銘打ったもので、これは四八年の六号に続く二度目の摘発です。

この六号は見ていませんが、吉田編集のカストリ雑誌としてのもので、吉田は裁判を続け、有罪判決の下ったのは五二年四月だったことから、摘発には裁判の最中にまたこんな雑誌を出してみたいな意味合いも含まれていたのかもしれない。

幸いといいますか、この「異色愛欲譚特集号」は風俗資料館に架蔵されていたので、内容を見ることができたが、どうして摘発されたのか、まったくわからない。現在の私たちの感覚では摘発の対象となるようなページを発見できない。当時の官憲の手前勝手な判断によって摘発された事実だけが伝わってくるような気がするだけです。

――これは『裏窓』のところで詳しくうかがうつもりですが、現代のような雑誌や書籍における性表現は活字の場合はほぼ解禁、写真にしてもヘアヌードは当り前で、ＡＶに至ってはさらに過激になっている。だから今の若い編集者などは当時の性表現検閲体制がわからないと思います。

飯田 先ほどのテレビやラジオにおけるＳＭに関する言及を見ても、今の若い人たちにそれを説明するのは難しいかもしれない。でも当時のエロ雑誌とくくられる分野の編集者たちは必ずそうした検閲体制と向き合うかたちで、一冊の雑誌をつくっていたことは事実です。

それでも須磨は本格的な「責め画」を堂々と掲載した。最も緊縛マニアを驚かせたのはある小説の挿絵として巻頭見開き二ページを使い、後ろ手に縛られ、木から吊り下げられた腰巻一枚の女の姿でした。その縄の描き方、身体に表われた女の苦悶のリアルさは多くのマニアに衝撃的な快楽を与えたようです。

15　画家としての須磨

――そうしたリアルな「責め画」を描く才能は日本画家のもとで修業したという須磨の経歴も作用しているのでしょうか。

飯田　そのことは一度だけ須磨の口から聞いたけれど、すぐに口をつぐんでしまったので、詳しいことは判明していない。でも満を持したかのように「責め画」も「縛り画」も出現し、それと同時に須磨は先に挙げた以外のペンネームを用い、異なるタッチで様々なカットやイラストも描いている。それらのペンネームは明石三平、沖研二、田中比呂志、池長味、箕田京二、森あきら、曾根三太郎などで、箕田は後に吉田稔が使用するようになる。

――ということは何年にもわたって挿絵、イラスト、カットの大半を須磨が一人で担当していたのですか。

飯田　そうだとしか思えない。この他にもまだ多くのペンネームがあって、それはほとんど即興でつけたりしたのでしょう。小説、コント、なども同様で、それは『裏窓』時代もそうでしたから。

先ほど満を持してといわれましたが、カストリ雑誌からアブノーマル雑誌へ至る過程で、須磨の編集者、画家、執筆者としての才能が完全に開花したと考えるしかない。それも自分が理想とする雑誌に仕上げたいというただその一念により、才能もフルに発揮され、尋常とは思えないほどの仕事量をこなしていったのでしょう。今までふれた仕事以外にもカメラマンまで引き受けていますから。

――　須磨の話をうかがっていると、彼が天才のように思われてきますが。

飯田　でも須磨はそんな天才ぶりを少しも感じさせず、傲慢なところや尊大ぶったところはみじんもなく、いつの場合も謙虚であり、知的で礼儀正しく、そして優しかった。それに必要以上に道化師になって、みんなを笑わせた。だから誰も彼のことを天才的な編集者だと見なさず、特に若い女性などはただの変態おじさんだと思いこみ、そう呼んでいた。私は『奇譚クラブ』時代の彼を見ていないけれど、同じスタンスだったと信じている。

――　見事な編集者像で、とてもアブノーマル雑誌の編集者の姿とは思えませんね。むしろその逆で、謙虚なフェミニストのように映ります。

飯田　それもそのはずで、須磨の本質は変態的ロマンチストだと後に理解することになります。

――それは飯田さんも同様だと考えていますが。ところでB５判不定期刊のカストリ雑誌として始まった『奇譚クラブ』は須磨の超人的努力も相俟って、摘発後の五一年三月号から月刊化され、七月号からA５判となるわけですが、これは一定の読者数が獲得された結果と見ていいでしょうか。

飯田　もちろんそうです。須磨が持てる才能とセンスを充全に発揮し、フルに働いた成果に他ならないし、すべてをまかせた吉田の見識と度量によっています。カストリ雑誌が次々と消えていく中で、アブノーマル雑誌へと転換し、生き残ってきたのは特筆すべきことだったと声を大にして主張してもいい。

16　『奇譚クラブ』との出会い

――しかも大阪で刊行されている雑誌ですから、東京よりはハンディがあったことからすれば、本当に特筆すべき快挙だったし、その後も三十年にわたって刊行される『奇譚クラブ』の特異な雑誌の在り方もすでに確立されていたことになるのでしょう。

そこで今度は東京にいた飯田さんの『奇譚クラブ』との出会いについて語ってほしいのです

が。

飯田　初めて見たのは新橋の駅の下にあった書店です。大判だったから、五〇年頃のことで、私か二十歳ぐらいの時だったと思う。ああ、こういう雑誌が出ていたのか、これはすごいし、いい雑誌だと、本当にびっくりしたわけですよ。この時に覚えた感動はまだ文章として表わしていないので、どうしても書かなければならない、それも力をこめて書こうと思っている。

それは青年の私がどうして『奇譚クラブ』に魂を奪われたか、言い方を換えれば、喜多玲子に象徴される須磨の絵に魂を奪われたということになるのでしょうが、その初発の感動といっていいのかな、なかなか言葉でうまく表現できなくて、現在に至ってしまった。

――わかるような気がします。それだけインパクトが強烈で、しかも最初の出会いであっただけに、言葉にならないような感激だったんでしょうね。

飯田　それもあるけれど、『奇譚クラブ』からは他のカストリ雑誌などと異なり、孤独な変態性愛者たちの味方だというメッセージが伝わってきた。これが大切で、他誌にはない魅力を放っていた。

エロを売り物にしている雑誌であっても、上からの目線で変態に魅せられる人間を侮蔑し、嘲笑するニュアンスが必ず含まれていた。それらの人々を差別し、社会の敵として罵倒し、時には犯罪者扱いし、娯楽の材料、対象とすることで、小説や記事や読物に仕立てる。そうした編集の根底にあるのは変態性愛者たちに対する好奇心と優越感だけだ。マニアと同じ位置に立ち、手をさしのべ、味方になることを誌面に示している雑誌は皆無だった。

――つまり『奇譚クラブ』には孤独な変態性愛者たちに対する愛情がこめられていたということですね。

飯田　それに尽きるし、そういった雑誌の姿勢はカストリ雑誌であった吉田編集長時代から続いていたはずです。

吉田稔は戦地から帰り、徒手空拳の身をもって、戦禍に焼け残った大阪の街の中で出版社を興している。彼は須磨より二歳年上の二十七歳で、曙書房を立ち上げ、『奇譚クラブ』を創刊している。その初期の「編集後記」を読むと、「如何なる権力に対しても、絶対に恐れず、おびえず、てらわず、おおらかな気持でもって発行を続けてゆく考え」だと述べられている。

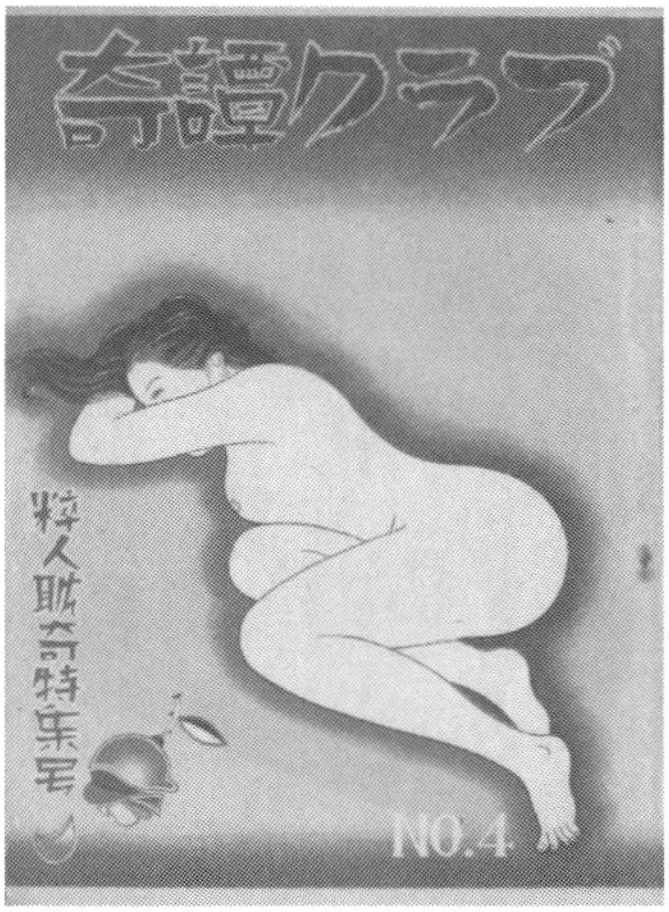

――この吉田の言葉の中に凡百のカストリ雑誌発行者や編集者と異なる姿勢が打ち出されていることになりますね。

飯田　この吉田の前に須磨が現われ、カストリ雑誌からアブノーマル雑誌へと向かっていく。ただもし二人が出会わなかったならば、たとえ吉田が反権力、反通俗、反骨精神の持主で、娯楽雑誌であるにしても、人生の真実に肉迫する雑誌をめざしていたにせよ、アブノーマル雑誌へとは向かわなかったでしょう。

吉田にはアブノーマル嗜好は見られなかったが、通俗なるものを嫌う姿勢が強くあって、その反俗精神が須磨の変態嗜好を黙認し、時には積極的に支援していた。吉田はマニアの人に対する敬愛の念をこめて、私に何度もいいました。

「マニアの人たちの感覚と知識にはとてもかないません。あの人たちはみなさん専門家ですから、いくら勉強しても追いつけませんし、天性のものを持っているので、私なんかが想像するところよりもはるかに先をいっている」と。

第Ⅱ部

17 「悦虐の旅役者」を投稿

――ところが息の合った経営者と編集者の関係にあると考えていた須磨が五三年に『奇譚クラブ』を辞め、上京してしまう。その須磨の退場と入れ換わるように飯田さんが『奇譚クラブ』にデビューすることになる。

飯田 そうです。須磨が私にいった言葉を借りれば、『奇譚クラブ』においては「すれ違い」だった。五三年の二十三歳の時に、私は青山三枝吉のペンネームで『奇譚クラブ』に最初の小説「悦虐の旅役者」を投稿する。それは原稿料目当てもありましたが、何よりも喜多玲子に挿絵を描いてほしかったからです。でもその一ヵ月前に須磨はいなくなっていた。忘れずに付け加えておくと、「悦虐」という新しい言葉を創ったのも須磨なんです。

――飯田さん、よろしければ、この本の巻末にその「悦虐の旅役者」を収録させて下さい。

飯田 かまわないですよ。

――それはとてもうれしい。拙いインタビューの貴重な補足資料となるでしょうから。ところで「悦虐の旅役者」はその年の十一月号に掲載されるわけですが、須磨が退社してから誌面に変化はなかったのですか。

飯田 もちろん須磨の手になる小説や読物、イラストやカット、喜多玲子の挿絵などは消えてしまった。それは喜多のファンにはショックだったと考えられるけれど、表面的にはさほどの変化はなく、従来通りのかたちで毎月発行されていた。

それは編集長に戻った吉田の並々ならぬ努力と才能が発揮されたことによるのでしょう。須磨のような才気と派手さはないが、彼は勤勉誠実、温和で紳士的で、また文学青年だった。それに一般的な性風俗関係の記事はほとんど自ら書いていた。須磨との共同作業の過程で、この類誌がない特異な雑誌の編集方法を完全にマスターしていたし、マニアの読者の嗜好もつかんでいた。それに加えて、他に類誌はなく、『奇譚クラブ』だけを愛読する読者が離れていかなかったことも大いに作用している。

――編集長が代わっても、『奇譚クラブ』という雑誌のブランドがすでに確立されていたということですね。

18 『奇譚クラブ』の新しい絵師たち

飯田　またこれも須磨に代わって、新しい絵師たちが登場したことも影響している。私は「悦虐の旅役者」の挿絵に喜多玲子を希望すると書いて送ったところ、都築峯子のイラストで掲載された。でも都築のものはうっとりするほどエロチックで、私をとても満足させた。

都築の他にも、滝麗子、杉原虹児、南川和子、畔亭数久《ぐろてすく》などの新しい画家が新たに加わってくる。都築峯子は須磨の絵描き仲間の八木静男、滝麗子は『奇譚クラブ』における須磨に続く二番目の重要な絵師で、日本画家柴谷宰二郎のペンネームで、いずれも男です。柴谷は口絵イラストの滝麗子の他に、現代物は栗原伸、時代物は三条春彦、マゾ小説や軽い読物は方金三と使い分けしていた。彼らの中でもまったく謎の絵師は畔亭数久で、「くろていかずひさと」も読ませていた。

――そのような中に飯田さんも加わっていく。

飯田　そういうことです。「悦虐の旅役者」の掲載の知らせと同時に原稿料が現金書留で送られてきた。『奇譚クラブ』は大阪で出ていたし、内容からして一種の同人誌のようなものだと考えていたから、それほど原稿料に期待していたわけではなかったけれど、予想外に多い金額で感激してしまった。

――それはいくらぐらいだったんでしょうか。

飯田　確か一枚三百円だったと思う。

――ちょっと比較の対象としてふさわしいかどうかわかりませんが、当時の大工さんの一日当たりの手間賃を調べてみますと、百二十円から百八十円ほどですので、確かにいい原稿料ですね。

飯田　だから感激したことを覚えているのかな。その現金書留には吉田の手紙が同封されていて、喜多が退社したため挿絵の要望に応えられずに申し訳ない、難しい雑誌ですが、今後ともよろしくお願いしますとしたためられていた。この丁寧な手紙にも感動し、これからも書くぞと誓ったこともよく覚えています。

そんな経緯があって、私は大阪の堺市にあった曙書房を訪ねたわけです。吉田は初対面の若い私に対し、もの静かな誠実な口調で、一般的なエロに陥ることなく、あくまでマニアのための特殊な雑誌としての姿勢とポリシーを貫きたいと熱心に語ってくれた。それで私は吉田という人物に強い信頼感を抱いた。

それからマニアが編集部にいきなりやってきて、一日中その片隅に黙って座り、それだけで満足して帰っていくというエピソードも話してくれた。これもとても印象に残っている。

19 「明かしえぬアブノーマルな共同体」の形式

―― 新しい絵師たちの登場やそうしたマニアなどの訪れから察しますと、『奇譚クラブ』をめぐって、一種の「明かしえぬアブノーマルな共同体」みたいなものが目に見えて形成され始めていたと考えていいのでしょうか。

飯田 それは間違いないでしょうし、アブノーマルな性愛や嗜好の無限的な多様性と深化がマニアの投稿手記、告白、体験記に明らかに表われてきていたし、柴谷のカットは老錬にして官能的で、マニアを納得させるものだった。

――須磨とは異なるマニア受けをしたわけですか。

飯田　これは吉田が須磨から吸収し、それを柴谷に細かく伝え、熱心に介添えすることで、多様なアブノーマル性を表現できるようになったと見ています。

具体的にいうと、吉田の期待に応え、SやMを描き、それにF＝フェチ、浣腸、切腹、ホモ、レズなども描き分けるようになっていった。しかもそれらのすべてを官能的に描くことができた。たださすがに須磨のように小説や読物も万能というわけにはいかなかったにしても。

吉田は『奇譚クラブ』をバラエティに富んだアブノーマル百貨店のようにしたいので、ペンネームを変え、変わった嗜好のものを書いてくれれば、何本でも掲載すると私に要請した。それに応じると、柴谷のカットを添えて掲載され、次の原稿を書く励みにもなった。

――飯田さんが多くのペンネームを使用するのも、それが始まりだったのですね。

飯田　そう、須磨がいくつも名前を変え、告白手記などを書いていた気持ちがわかってきた。例えば、男のゴムフェチ投稿を、女の立場になって女の気分で書くと、ひどく興奮したり、欲情したりした。それに対して、読者からの熱烈な反応が寄せられ、私を興奮させた。SやMはパターン化するが、フェチは無限だし、夢想も妄想も思ってもみなかった方向に広がっていくからです。

『奇譚クラブ』は編集者、執筆者＝投稿者、画家の三者が刺激し合い、共同して編まれ、刊行される雑誌だと理解するようになった。そしてその本質が日常性を超えた「空想妄想欲望挑発雑誌」、実行者よりも妄想者のほうが多い虚々実々の世界であることも肌で感じられるようになった。それは誌面に三者による変態性愛の熱気が立ちこめてきたからです。

――　なるほど、それは門外漢の私などにもわかるような気がしますし、もう少し深く考えると、雑誌や本の世界のひとつの魅力とはそういったところにあるようにも思えます。例えば一例を挙げますと、江戸川乱歩の小説が秘めている魅力はそのようなものであり、だから子供から大人に至るまで、息長く読まれているのかもしれません。確か稲垣足穂でしたか、「本は暗いオモチャである」といい、ヴァレリー・ラルボーが「罰せざる悪徳・読書」とよんだのも、そのようなことをさしているのではないでしょうか。それに乱歩もそうですが、足穂も間違いなく『奇譚クラブ』の読者だったと思います。

飯田　でも前にもいいましたが、このようなアブノーマル雑誌は体制に逆らう出版物と見なされるから、それに対抗する相当のエネルギーが必要だし、官憲による摘発を絶えず警戒しなければならない。摘発は編集者や執筆者のみならず、読者にも被害を与えかねないからです。そのような配慮とバランス感覚がない限り、この種の雑誌は長続きしない。

吉田は『奇譚クラブ』が陰湿で病的なマニア雑誌、異常犯罪養成雑誌のように見られ、それで弾圧されたり、発売禁止の憂き目を見ることを避けたいと常に考えていた。そのこともあって、吉田とはひんぱんに手紙のやりとりをした。メール通信が当たり前な今では信じられないかもしれないが、電話はまだそれほど普及しておらず、料金も高かったので、そうした編集の相談や連絡などもすべて手紙によるものだった。

20　須磨の上京

――飯田さんは上京してきた吉田と会い、『奇譚クラブ』の編集を担当してくれないかと頼まれたようですが、ここら辺の事情はどういうことなんでしょうか。

飯田　経営者はずっと吉田のままでしたが、社名は曙書房から天星社、そして暁出版株式会社となり、七五年まで『奇譚クラブ』を出し続けた。多少の休刊はあったにしても、三十年の長きにわたるアブノーマル雑誌の刊行には吉田ならではの言い知れぬ苦労があったはずで、それは『裏窓』の編集長を経験して、切実にわかりました。精神的にも資金的にも実に大変だったと思う。

『奇譚クラブ』の全盛期は前に挙げました喜多玲子を始めとする絵師たちが活躍した五〇年代で、『家畜人ヤプー』の連載もこの時代からです。ところが六〇年代になると、『花と蛇』などの連載が始まりますが、悪書追放運動の重圧、それからマスコミの東京集中によって執筆者や画家も東京に多くがいるという状況になり、吉田は東京に編集を移すことを考えた。それで私に編集長を引き受けてくれないかとの依頼があった。でもその申し出はすでに須磨や『裏窓』との関係が深くなっていたこともあって、断わるしかなかった。その後も原稿は書いていましたが。

――確かその頃ですよね、久保書店に入社したのは。

飯田 そうだね、入社したのは六一年です。どうして覚えているかというと、入社した年に伊藤晴雨が亡くなっているので、記憶にとどめられている。

――『奇譚クラブ』の代わりといっては何ですが、六二年に『裏窓』の編集長となるわけです。

飯田 そうです。

――『裏窓』は五六年創刊だから、その時すでに五年ほどの歴史が積み重ねられていた。もちろん『裏窓』の創刊も須磨によるものですので、そこに至る経緯などをお話し頂けませんか。

飯田 前にも話しましたように、須磨は五三年に『奇譚クラブ』を辞め、上京する。その事情について、後日私は須磨や吉田にも繰り返し尋ねたことがある。しかし二人の口から明確な返答は戻ってこなかった。

――『「奇譚クラブ」の人々』の中で、早乙女宏美は須磨と吉田の意見が食い違うようになり、さらなる「夢のアブノーマル誌の実現」をめざし、上京したと書いていますが。

飯田 そこら辺ははっきりしない。ただ普通に考えれば、須磨の経営者としての吉田に対する報酬や待遇に関する不満ということになるが、須磨は本来金銭に執着するタイプでもないし、その種の不満は一言も聞いたことがなかった。

吉田のほうも、須磨には本当にお世話になったという答えが返ってくるだけで、二人ともお互いに懐かしみ、畏敬するような表情を示していたことが印象に残っている。
もちろん多少の感情のもつれはあったにちがいないにしても、二人のその態度からして、憎悪的感情はまったく感じられなかった。だから考えられるのは吉田が六〇年代になって、編集を東京に移そうとしたように、それに先がけ須磨も執筆者や画家が多くいる東京に出て、「夢のアブノーマル誌の実現」を果たそうとしたということだろうね。実際にそれに類する言葉を聞いたことがあるし。

21 『風俗草紙』創刊

――そう考えて間違いないでしょうね。ただ私の推理では上京を誘った人物がいて、それが五三年の『風俗草紙』の創刊につながっていると思います。これが『奇譚クラブ』に続く二番目のアブノーマル雑誌ですから。

飯田 私も須磨の上京と『風俗草紙』創刊の間に何らかの因果関係があるのか、須磨に直接聞いたことがあるが、彼は曖昧に笑って答えなかった。

――須磨の上京を誘った人物は『風俗草紙』編集長の氏家富良ですか。

いや、氏家ではなく、日本文芸社の夜久勉だと思います。一九四八年に彼は神田神保町で日本文芸社を創業するのですが、特価本業界にも属し、専門取次や書店も展開し、大阪や姫路

にも出店していた。特価本業界史として、八一年に『全国出版物卸商業協同組合三十年の歩み』が出されています。そこに日本文芸社や夜久書店の紹介もある。

それだけでなく、この『三十年の歩み』には見切雑誌、これは返品で生じた月遅れ雑誌と考えていい。特価本業界に流れる見切雑誌は月間約三十万冊と目され、その中心を占めるのは倶楽部雑誌、漫画雑誌、性風俗雑誌、映画、探偵、実話雑誌で、正味、出し正味も含めて何十種類ものタイトルが挙げられている。これは六〇年代初めのリストと考えられますが、そこには『奇譚クラブ』も『裏窓』もある。

飯田　私は編集一筋でやってきたので、そうした方面についてはよくわからない。もう少し詳しく説明してほしい。確かに須磨と夜久は親しい関係でした。

―― これも戦前からの歴史をたどりますと、所謂赤本業界と重なり、それだけで一冊分を要してしまいますので、戦後のところというか、雑誌と六〇年代までのことにしぼりたいと思います。

現在では返品になった雑誌は大半が断裁されてしまいますが、当時はそれをリサイクルする市場があった。特価本販売書店、高町の露店、古本屋、貸本屋などで、それらは低正味買切のかたちをとり、新刊だけを扱う書店とは異なるもうひとつの出版流通システムだった。ここから発生した貸本漫画が現在のコミックの隆盛へつながる地下水脈であったことはいうまでもないでしょう。

さて夜久ですが、彼はこの業界のやり手として有名で、後に『ガロ』を創刊する青林堂の長井勝一に対して、大洋図書の小出英男とともに金主となり、白土三平の『忍者武芸帳』を出させるに至ります。その社名は三人だから、三洋社です。長井は『「ガロ」編集長』（ちくま文庫）において、「貸本マンガの世界も特価本の世界も、表街道の出版文化の世界と違っていつでも荒っぽい、戦国乱世のような状態」に置かれていて、三人は「悪徳出版業界のボス的存在」と噂されていたといいます。

『三十年の歩み』にも、三人は「上野畑」の人々として姿を見せている。これが飯田さんが目にしていた上野のガード下の出版業界の一端だと考えられる。

飯田　『SMスナイパー』を出していたミリオン出版は大洋図書の子会社ですね。

22 特価本業界との関係

——そうなんです。つながっているし、七〇年代以後、所謂ＳＭ雑誌を刊行していた出版社はすべて特価本業界と関係があるといっても過言ではない。

それからこれは蛇足かもしれませんが、「出版人に聞く」シリーズ9の井手さんの証言によれば、やはり七〇年代に彼は三交社という出版社を始めている。このスポンサーも夜久だった。

飯田　なるほど、だんだん『風俗草紙』の背景がつかめてきた。

——おそらく夜久は見切雑誌としての『奇譚クラブ』の売れ行きに注目したんじゃないでしょうか。それも流通や販売も含めてで、ひょっとすると、新刊よりもめざましい動きだったのかもしれない。なぜならば、読者にしてみれば、特価本書店や古本屋のほうが買いやすいことは明らかだからです。安いだけでなく、人目を気にする必要がない。

ところが『奇譚クラブ』は大阪で出ていること、発行部数も少なく、見切雑誌としても多くは入荷しないことなどから、この種の雑誌を東京で創刊すれば、かなりの売れ行きは確実だし、返品は見切雑誌に回せば、人気商品として評判を呼ぶと夜久は考えたんじゃないでしょうか。

飯田　それで夜久は大阪の関係者を通じて、『奇譚クラブ』編集長の須磨に東京での同様の雑誌の創刊をもちかけた。

―― そうだと思います。そのために日本特集出版社が立ち上げられ、『風俗草紙』が創刊された。ところが吉田との関係者もあって、自らが編集長として、『風俗草紙』に名前を出すことはできない。それで取りあえずは氏家を編集長とし、須磨は執筆者や画家の立場で参画することになった。

『風俗草紙』は五四年八、九月号の二冊しか見ていませんが、東京のカストリ雑誌から見切雑誌の流れに属する執筆者や画家が主体で、それに須磨や『奇譚クラブ』人脈が加わっている印象を受ける。それから後の『裏窓』のメンバーもいる。どうもこの一冊も見切雑誌として売られていたようで、定価は百円ですが、表紙に五十円という値札が貼られています。

飯田さんが会ったことのある『奇譚クラブ』の唯一の女性作家松井籟子の「アブノーマル官能小説」に喜多玲子の挿画が入り、須磨のペンネーム高月大三の「愛鞭小説」が掲載され、『裏窓』で重要な画家となる中川彩子の口絵、秋山巒の表紙が見られても、どうも中途半端な印象で、『奇譚クラブ』や『裏窓』にあった濃厚なマニア雑誌のエキスは伝わってこない。

飯田 そのとおりです。この二冊には出てきませんが、須磨のもうひとつのペンネーム美濃村晃もよく登場している。それから都築峯子＝八木静男の絵も同様ですが、編集長の氏家はカストリ雑誌や通俗的性風俗雑誌に携わってきた人だから、基本的にマニア読者の孤独な心を理解していないし、そういった配慮に欠けているわけです。

―― だから『風俗草紙』には「新しい風俗文化雑誌」とか「現代人の新しい趣味雑誌」と

いった浅薄なサブタイトルが付されているわけですね。

23 『風俗草紙』の内容

飯田 もちろん喜多玲子や八木静男の絵に引かれ、『風俗草紙』を『奇譚クラブ』の読者も買うだろうけれど、所詮マニア雑誌ではないので、一般的なエロ雑誌読者は増えても、マニア読者はいずれ離れていくだろうと考えていた。

それとこの二冊からもわかるように、執筆者は高橋鐵、武野藤介、正岡容《いるる》、龍膽寺雄、藤沢衛彦、斎藤昌三、平野威馬雄、原比露志、式場隆三郎、矢野目源一といった顔触れで、この人たちは東京の性風俗雑誌の著名人ではあっても、マニア読者に受ける書き手ではないのです。ただこれらの人たちに混じって、伊藤晴雨を登場させ、画と文を再録したことはよかったと思っていますが。

―― こうした執筆者人脈の背景には様々な思惑も絡んでいたのでしょうが、奥付を見ますと、編集者は氏家だけでなく、村田清という人だったり、発行人も村田の他に野村佳秀という人が務めていたりする。

その他にも日本特集出版社は通販で、喜多玲子の『玲子悦虐姿態素描集』や伊藤晴雨の『凄艶女体拷問私刑秘画集』を売っていたようで、『風俗草紙』の背後にある出版人脈が様々に想像されます。飯田さんは須磨が『奇譚クラブ』を辞め、妻子を連れて上京したのはファンによる喜多名義の「責め絵」の私的購入による収入源が確保されていたのではないかと推理していますが、それは当たっていると思います。上京して、新たな顧客層を求めようとしたのかもしれません。

飯田　それも大いにありえる。

私は須磨と色んなことをして遊びましたが、その費用のすべてを須磨が出し、結局のところ私はずっとおごられっぱなしだったことになる。そのお金はそういった画家としての仕事から得られていたとも考えられますから。

そうした『風俗草紙』の中途半端さや須磨の副業のことはともかく、『風俗草紙』の創刊は大阪の吉田と『奇譚クラブ』に大きな影響を与えた。『奇譚クラブ』ではまだ目立たないように載せていた緊縛写真を、『風俗草紙』ではグラビア印刷で巻頭に掲載したし、『内外タイムス』などの夕刊紙に派手な広告を打ったりもしたので、部数はわかりませんが、ものすごく売れたんじゃないかと思う。

――確かにこの二冊にも、アメリカの緊縛写真が巻頭のグラビアに掲載されている。ただそうはいっても、下着をまとった女性の露出度の少ない白黒写真で、当局も目くじらを立てるほどのものではないように映りますが。

24　二誌の摘発

飯田　いや、それは今になっていえることで、私は摘発されることを予感した。しかも『風俗草紙』は号を追うごとにページ数は増え、豪華になっていった。

そのことで吉田はすごくあせり始めた。それは無理もないことで、これまでライバル誌がなかったところに、明らかに須磨が加わっているとわかる『風俗草紙』が東京から創刊され、しかもそれが表面的には『奇譚クラブ』よりも豪華で、吉田は読者を奪われてしまうのではないかと怯えたはずです。

だが私は吉田にそれほど脅威に感じることはないし、所詮はマニア雑誌ではないから、喜多の絵ほしさに『風俗草紙』は買うかもしれないが、『奇譚クラブ』の読者は離れていかないと手紙に細かく書いて送った。

その一方で吉田は対抗するように、『奇譚クラブ』の絵や写真ページが増え、倍近い厚さになっていった。私は二誌が競い合い、派手になり、それが官憲を刺激し、摘発の憂き目を見るのではないかと心配するようになった。一誌ぐらいなら大目に見るが、二誌が堂々と並んだとしたら、許せないと官憲も考えると判断したからだ。しかも私はそれを上野駅前の書店で目撃している。そこでは最も目立つ店頭に『奇譚クラブ』と『風俗草紙』が平積みにされ、本当に堂々と並べられていた。

実際に私の予感どおり、摘発が現実のものとなった。五四年に『風俗草紙』二月号、『奇譚クラブ』三月号が続けてワイセツ罪容疑出版物として発売禁止処分を受けた。しかも『奇譚クラブ』の場合、皮肉なことに狙われているから注意したほうがいいと吉田にしつこくいっていた私が書いた小説で摘発されてしまったのです。

――それは何という小説ですか。

飯田　真木不二夫のペンネームで書いた「魔性の姉妹」という小説で、ある夜私の家にいきなり大阪の堺署の警部が訪ねてきて、そのまま所轄署に連行され、三時間にわたって訊問され、供述調書のようなものまで書かされた。

ところがそれだけで終わらず、両誌とも四月号も有害図書として摘発された。これがきっかけで、『風俗草紙』は間もなく廃刊、『奇譚クラブ』も五ヶ月休刊となり、最大の危機を迎えてしまう。

要するに大阪だけで薄いマニア雑誌を細々と出しているのであれば、大目に見てもいいが、東京で堂々とアブノーマル雑誌を出すことは許さないという官憲側のパフォーマンスだった。

――五〇年代に小山書店から刊行されたロレンスの『チャタレイ夫人の恋人』（伊藤整訳）が発禁処分を受けたことに象徴されるように、同年には改造社のノーマン・メイラーの『裸者と死者』（山西英一訳）がワイセツ書容疑、カストリ雑誌やエロ本取締りといった動きが目立ち、五

一、二年はチャタレイ裁判の第一審、第二審が続き、第二審判決で、発行者、翻訳者のいずれもが有罪となったことも、その背景にあるのでしょう。これらを受け、性の検閲体制が強化され、その渦中で、『風俗草紙』や『奇譚クラブ』の摘発が起きたことになる。

この性的出版物に関する検閲体制については、後でもう一度ふれるつもりですが、ところで須磨には被害が及ばなかったのですか。

25　『風俗草紙』の画家たち

飯田　須磨はマニア雑誌ではなく、変態性欲や犯罪読物を売り物にし、次第にエスカレートしていく『風俗草紙』を見て、きっと摘発されると考え、編集部とは距離を置くようにした。だから当初の編集長兼アドバイザーという立場から、外部にいる執筆者、画家という位置に自らをとどめるようにしていたと後に語っている。東京におけるこの種の雑誌の編集の無防備性にいち早く気づいたからでしょう。

その代わりに須磨は『風俗草紙』に登場した才能のある画家たちに積極的に接近した。それらは中川彩子、秋吉巒、古正英生、中島喜美《きよし》で、例によって中川や中島も男です。

――　素人目に見ても、『風俗草紙』の画家たちはアブノーマルを理解して描いている人とそうでない人に分かれ、それは挿画やカットに歴然と表われています。その中でも最も才能があると感じられるのは中川彩子で、バックナンバーの目次などを見ても、口絵を含め、ヨーロッパの歴史や宗教に絡んだ多くの作品を描いている。

飯田　中川彩子は『風俗草紙』時代から人気もあったはずで、私は『裏窓』時代に彼と親しく交流していた。それらについては『裏窓』のところでふれます。中川ばかりでなく、これらの画家との関係もすべて須磨が開拓したもので、彼らとの交友が後の新しいアブノーマル雑誌『裏窓』の創刊につながり、大きな戦力になっていくわけです。とにかく須磨はマニア雑誌におけるイラストやカットの重要性を熟知していたから、『風俗草紙』においてもそうした才能を見逃すはずもなかった。

26　飯田、浅草、大衆演劇

――それで『裏窓』を通じて飯田さんと須磨は初めて出会い、その編集に携わっていくことになるわけですが、ここで時間を少し巻き戻し、そこに至るまでの飯田さんの個人史をうかがいたいのですが。

飯田さんの個人史については都築響一の『珍日本超老伝』（ちくま文庫）に収録された「濡木痴夢男・SM作家・縛り係」のところでも、インタビューとブログ「濡木痴夢男のおしゃべり芝居」からの引用、及びその「80年の歩み」という簡略な年譜によっても紹介されています。都築の紹介を引くと、飯田さんは「日本SM界の巨星」、「SM縄芸術の様式美を完成させたパイオニア」、「ミステリアスな存在の現役作家・表現者」、「現代日本が誇る（べき）最強のアンダーグラウンド・アーティスト」となっています。

でもここでは戦後出版史、それから飯田さんが私的に作製された須磨（美濃村晃）との交流史を含んだ年譜も拝見しているので、それらに沿ってお聞きしたいと思っています。

まずお生まれは一九三〇年でよろしいですか。

飯田　ええ、昭和五年の浅草生まれで、今年八十三歳になります。

――　でも矍鑠とされていて、そんなお歳には見えません。出版史でいいますと、ちょうど円本時代に生まれたことになり、それがまた少年時代における読書体験と関係しているということですが、そのことはもう少し後でうかがいましょう。

実家は和菓子製造販売店だったようですが。

飯田　これは祖父が創業した店でしたが、親父が芝居好きで、常磐津や清元などの芸事道楽に走ったためにつぶれてしまった。親父は長谷川一夫やエノケンと同じ年だったこともあって、とにかく芝居好きで、舞台人になりたくてしょうがない人で、素人芝居にもよく出ていた。それで私も小学生の頃から芝居小屋に出入りし、一時期ある一座で生活していたこともある。

――　それで浅草という場所と芝居は飯田さんにとってもずっと大きな影響を残すわけですね。

飯田　それはもう故郷のようなもので、先日も浅草の木馬館で一日を過ごしてきましたが、この歳になっても、そうしているのが本当に心が休まる時です。

――私も飯田さんからの大衆演劇に関するご教示を得て、焼津の黒潮温泉というところで、劇団新の時代劇を見てきました。初めての経験で、大きなことはいえませんが、飯田さんが小学生の頃から味わっていたのはこの雰囲気なのかと実感しました。

飯田　大衆演劇はいいですよ、あれこそが当時の浅草のニュアンスを残しているんじゃないかな。

27　挿絵全盛時代と戦争

――それに偶然かもしれませんが、縛られた女も出てきました。

飯田　そうした時代劇に縛られた女がよく出てきますし、その手の絵も多く描かれていた。私も少年雑誌から切り取った高島華宵の縛られた美少年の絵、それから画家の名前は覚えていないが、やはり美少年の切腹寸前の絵に耽溺していた時期があります。

――円本時代というのは一方でエロ・グロ・ナンセンスの時代でしたから、そうした絵もその影響を受けているかもしれませんね。それと同時代の多くの戦争画との関連も考えられる。

飯田　それらの影響もあるでしょうけど、須磨や私が育った時代は挿絵画家が全盛といっていいほどで、こちらは間違いなく、『奇譚クラブ』や『裏窓』にも投影されている。

――平凡社からは戦前にも『名作挿画全集』全十二巻が出ていて、これが戦後の『名作挿絵全集』全十巻の範となっているから、挿画、挿絵の時代もかなり長かったとわかるし、アブノーマル雑誌からＳＭ雑誌も例外ではなかったことを示しているのでしょう。ところで飯田さんの場合、戦争とはどうクロスしているのですか。

飯田　一九三七年に小学二年生で支那事変、四一年が国民学校六年生で、日米開戦です。この年に浅草から荒川区三河島の長屋に引越している。翌年に東京保善商業学校に入学したけれど、もはや学業どころではなく、勤労動員され、日立製作所亀有工場に通うようになる。ここには親父も徴用され、働いていた。そして四四年三月には東京大空襲で、翌年に敗戦を迎える。

――そうしますと、飯田さんの学校時代、とりわけ十代前半はすべて戦争とともにあったことになりますが、この勤労動員先の日立製作所で貴重な体験をするんですよね。

飯田　最初は油まみれの工場仕事だった。ところがすぐに音を上げてしまい、引率の美術教師に自分に合った仕事に変えてくれと直訴した。私は絵と作文が得意だったので、この教師に可愛がられていたからです。それで厚生部広報課に異動になった。工場から離れた粗末なバラック建の二階だったが、そこはまったくの別世界で、生産増強、戦意高揚といったポスターを作るようになった。それらの一枚一枚がすべて手描きで、関東地区に散在する日立の各工場へ送られていった。
広報課の仕事は他にもあって、それは「産業戦士」たちのために工場慰問にくる歌謡曲、漫才、漫談、浪曲、講談などの芸人グループを接待することだった。年少者だった私にはよくわからないけれど、巡回慰問団は政府の命令で、何班にも分けられ、あちこちを巡回していたようだ。それに芸人たちも舞台である劇場や寄席などを空襲で失っていた。

―― 戦後になったら、それが米軍基地を巡回する芸人グループへと転換したかもしれませんね。ところでこの慰問団はどこで演芸を披露したのですか。

飯田 工場敷地内に日立厚生館という倉庫のようなかたちの建物があり、そこには立派な舞台と花道もついていて、詰めれば三百人は収容できたので、芝居をやるにはうってつけだった。ところが空襲が激しくなると、慰問団もこなくなった。それで広報課が中心になって、自分たちの力で芝居を見せるという動きが高まり、工場にいる人間の中から芝居心のある男女が集められ、素人芝居の一座ができ上がった。

―― もちろん飯田さんもその一員に加わったわけですね。

飯田 そうです。それで敗戦を迎えた。ところが日立製作所は大会社だったこともあってか、給料もずっと支払われていたので、その厚生館で芝居を続けることができた。そこには関東一円の日立の従業員が毎日トラックで見にきた。一般の人は入れず、日立のための劇場だった。それに東京は焼け野原で、学校もない。たまたま一座に新宿の劇場で歌舞伎をやっている人がいて、ある日呼ばれていったら、人が足りないから舞台に出ないかといわれた。それが商業演劇への関わり始めです。

28 旅役者一座に加わる

――旅役者の一座にも加わったと仄聞していますが。

飯田 親父もずっと日立製作所にいたことから、四六年に松戸の日立の社員住宅に引越した。そこは百棟以上の社宅が建ち並んでいましたが、ほとんどが畑と雑木林からなる農村で、その空地にどこからともなく「異形のもの」に見える旅役者の一座がやってきて、芝居の興行を始めた。私はそれに魅せられ、夜になるとそこへいった。芝居小屋というよりも囲いの中にむしろが並べられ、屋根もなかった。それでも舞台は五十センチほど高く、引き幕がついていて、そこで初めて「継子いじめ」芝居を見た。

これは孤児となって他家で育てられる運命となった少女が継父母によって虐待される物語で、その「いじめ」の陰湿な形態を、そのまま「お涙頂戴芝居」に仕立てたものが「継子いじめ」劇です。五〇年代まではそんな芝居が「継子いじめ」物として、大衆娯楽の一端を担っていた。

――貸本の少女マンガにもそういう物語が多くありましたね。

飯田 そうです。ところが少女マンガと異なり、芝居だととんでもなく妖しく倒錯的になるのです。この一座も家族が中心となって構成されているので夫の座長が継母、妻が娘を演じ、継母が娘を物差しで折檻し、時には着物の裾を太腿のあたりまでまくり上げ、たたく。客が拍手をしたり、掛け声をかけたりすると、着物はさらに尻のあたりまでまくり上げられたりする。

これは役を考えなければ、夫が妻を責めていることになり、庭の木に縛りつけられたりもするわけです。暗がりの中でのそのシーンは妖しいまでのエロティシズムを感じさせた。これを見たのが十六歳の時で、私には忘れられないシーンとなり、初めて性的エクスタシーを覚えたといってもよいくらいです。つまり「継子いじめ」の芝居を通じてサディズムとマゾヒズムの快感を知ったことになるのでしょう。

それで親しくなった一座に誘われるままに、三ヵ月ほどでしたが、ドサ回りの旅に加わったわけです。

29　長田幹彦「零落」体験

―― そこには円本である春陽堂の『明治大正文学全集』の読書体験が絡んでいるわけですね。具体的にいいますと、その第三十三巻所収の長田幹彦の「零落」ですが、今日はそれを持ってきました。

飯田　そう、まさにこれです。少年時代に親父の本棚にこの『明治大正文学全集』が全巻揃っていた。総ルビだから小学生高学年で十分に読めるし、全部読んでしまった。その中で最も私に影響を与えたのは長田の「零落」です。それはずっと尾を引いて、古本屋でこの巻を見つけると必ず買い、多くの人にプレゼントしてきた。何十冊も買ってきていると思う。今でも見つけると買っていますし。

――話を進める前に、もはやほとんどの人が長田やこの小説のことを知らないと考えられますので、「零落」の書き出しのところを読んでみます。

私が野寄の町へ入ったのはもう十月の末近い頃であった。北国の冬は思ったよりも早く来て、慌ただしい北風が一夜のうちに落葉松《からまつ》の梢を黄褐色に染めてしまったかと思うと、すぐそのあとから凍えたような灰色の雲が海の方から断絶《ひっきり》なしに流れて来て、夜となく昼となく、寂しい氷雨がばらばらと亜鉛《とたん》葺きの屋根に降り注ぐような日が幾日となく続いた。収穫のすんだ野面や、なだらかな起伏のつづいた傾斜地には薫りの高い林檎が紅く熟しきって、忙しげに餌を漁りながら冬に怯えて啼きしきる群鴉の声も悲しく、雲のきれめから時折姿を現わす国境の連山の頂にはもういつしか真白に雪

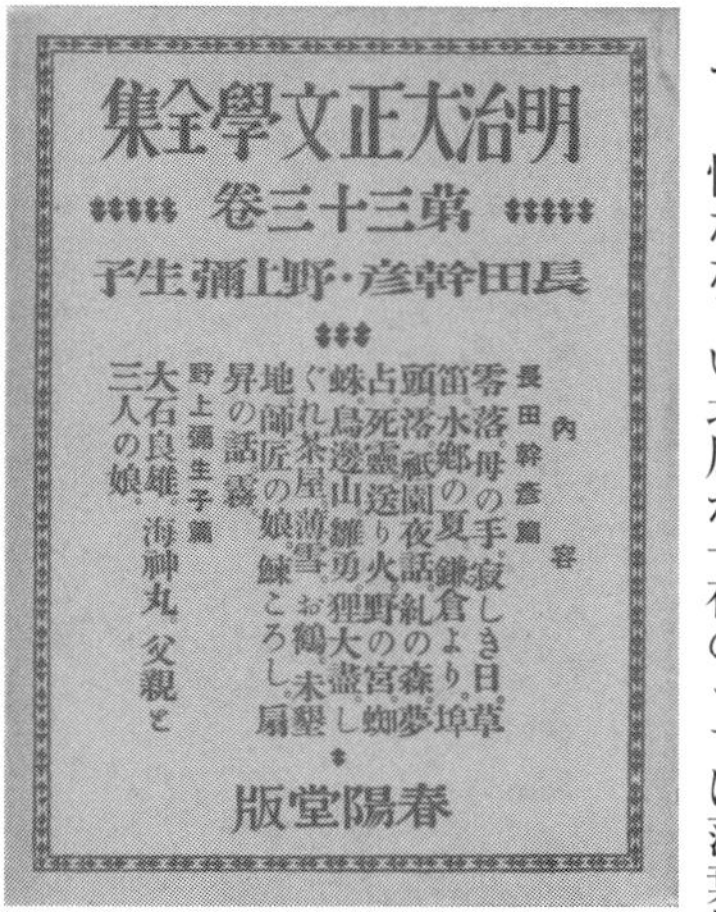

が降り積っていた。

飯田　まさにこれです。これなんです。暗記するほど読んでいる。そのくらい長田幹彦のファンなんです。私の原点はこの長田の「零落」で、愛読というよりも「耽読」し、その世界に耽溺していた時期があったし、読んでいると全身がジーンとしびれてくるような思いに襲われたものです。それもあって、その後の私の人生に運命的な影響を与えたといえる。

――飯田さん、話を中断させて恐縮なんですが、ここで少しばかりその長田にふれておきます。現在では長田はほとんど読まれていないと思われますので。

長田は大正時代の人気作家で、早大英文科に入学後、北海道にわたり、鉄道工夫や炭坑夫をしたり、旅役者の群れに加わって放浪し、帰京後その体験に基づき、旅役者の生活を描いた「零落」や「澪」を発表し、文壇にデビューしています。

たまたま『日本近代文学大事典』の長田の項に「零落」の肝を得た要約が掲載されていますし、この作品も文庫化などはされておらず、気軽に読めないので、それも引いておきます。

「至純な自然の抒情詩を懐かしむ心持」で旅に出た私は、つぎつぎに旅程をかさねるうちに、いつか自身が生れながらの「漂泊者でもあったような寂しい、頼りない気持」になって、石狩河畔の野寄の町にやって来た。そこでたまたま土地に小屋をかけていた旧芝居の中村一座を見物して、役者たちの境遇に想いをはせ、彼らが「永遠の旅人」であると考えたとき、その生活に強い魅力を感じて、祝儀をはずんだのを機縁に、一座の老優扇昇や美貌の女形田之助らに近づき、その身の上話や一座におこったさまざまなできごとをきくうちに、「新しい興味と、憧憬」が湧き、とくに扇昇の敗残の末路に「芸術的感激」を覚えて、二週間後には、つぎの興行地に移る一行の仲間に入って、私は河沿いの街道を歩いていくのであった。作者自身の漂泊における内的体験が、旅役者の人生をとおして深く見つめられており、幹彦の作家活動を代表する作といってよい。

まさに飯田さんは同じような体験を味わったことになるし、私はこの「零落」を読んで、フェリーニの映画『道』を思い出しました。

飯田　私は文字を覚え、小説を読み始めた頃から、「ドサ回り」の芝居に対する憧れに近い気持を抱いていた。普通の人とはかけ離れた物語性に充ちあふれた異なる世界への憧れで、それは私の中に子供の頃からあった「零落趣味」とでもいうマゾヒスティックな感情で、この小説に耽溺することによって、その傾向はさらに強くなったと思う。

世間一般の生活に背を向けた貧しくわびしい、そして不幸な旅役者の姿が自分に重ねられ、いつか自分も「零落」の主人公のようになりたいと夢想していた。

――私は飯田さんの原点がこの「零落」だと知らされて、何かひとつ謎が解けたような気がするんです。私などの視点からいうと、明治近代そのものが立身出世上昇文化であって、地方から上京し、偉くなって故郷に錦を飾るという物語が主流で、それは文学でも例外ではない。ところが「零落」はそれとは逆の零落文化、飯田さんのことばを借りれば、「零落趣味」を象徴していることになる。

それに重ねて考えますと、飯田さんがドサ回りの芝居に加わったように、必然的にアブノーマル雑誌に引き寄せられ、長きにわたってそうした世界で生きてこられたことがよくわかるように思われます。

でもまだそこには至っていませんので、ドサ回りから戻った後のことをもう少しお聞きしなければなりません。戦後はまだ始まったばかりですし。もっとも大阪では『奇譚クラブ』の創刊が準備されようとしていたはずですが。

30　戦後と共産党の「細胞」

飯田　戦後の混乱が次第に収まってくると、紹介してくれる人がいて、ある程度名の知れた現代劇団に入り、『宝島』や『ドン・キホーテ』といった児童劇を演じて、全国巡演をする生活を二、三年続けました。これは戦前からの歴史ある劇団だったけれど、出演料だけで生活は成り立たない。

そうしているうちに朝鮮戦争が起き、景気もよくなってくる。ところがその一方で、日立の社宅、といってもバラックなんですが、非常に共産党の力が強くなっていて、私もまだ十代だったのに、その運動に一生懸命取り組んでいた。所謂「細胞」という言葉があって、千葉県の共産党何とか支部の一員として、これは「零落趣味」と異なり、やっぱり時代と社会状況も影響し、高揚していい気になって活動していた。

――日共の党員になったということですか。

飯田 いや、そうではなくて、細胞新聞というものが出され、それを社宅でガリ版で書き、刷って、毎日出していたこともあった。

――でもその頃ですよね、『奇譚クラブ』と出会ったのも。

31 「零落」と「悦虐の旅役者」

飯田 そうだね。「悦虐の旅役者」が掲載されたのが五三年十一月号だから、そのかなり前から『奇譚クラブ』を読んでいたことになる。

――最初に見たのは新橋の駅の下の書店で、まだ大判だったから、五〇年頃じゃないかとお聞きしましたが、やはりそこら辺が『奇譚クラブ』との出会いだった。

でも長田幹彦の「零落」を読んだ上で、この「悦虐の旅役者」に目を通すと、飯田さんがいかに長田と「零落」の影響下に出発したかがあらためてよくわかります。ストーリーを紹介しますと、春風座は男女合わせ、二十人ばかりの劇団で、俳優は浅草育ちの腕達者が揃っていたが、ストリップと女剣劇の隆盛で、軽演劇俳優は失職に追いやられ、それで旅回りの一座を結成したのである。売れない脚本や小説を書いていた「私」は座長の谷村から一緒に東北への旅に出ないかと誘われる。ところが順調だったのは春先だけで、梅雨時に入ると、客足は途絶え、旅館に泊まる余裕もなくなるほどだった。原因は芝居そのものにあり、「私」は谷村からどうしたらいいのか、相談を受ける。そこで最近、東京の解散寸前だった一座が田村泰次郎の『肉体の門』を舞台にかけたところ、女同士のリンチの場面が受け、興行的にヒットした話をしてから、女の責めの芝居をやれば必ず当たる、客が縛られた女の異状な美しさを喜ぶからだと「私」は提案した。

それから「私」は捕物時代劇を書き下ろす。江戸に若く美しい女ばかりを狙う誘拐団が横行し、犠牲者は日を追うごとに増えていく。父の跡を継ぎ、十手捕縄を預かるお美津は与力桂新十郎と恋仲だが、誘拐団が河岸の古寺に誘拐した娘たちを閉じこめていることを突き止め、忍びこむ。ところが発見され、娘たちと同様に縛られ、拷問される。そこに新十郎が現れ、大立ち回りの果てに、二人は結ばれる。

お美津は一座の花形女優の春木マリ、新十郎には座長の谷村が演じ、責めの芝居は成功し、大入りが続き、一座にとって明るい旅回りとなった。しかしこの芝居を経験したことで、マリは縛られる喜び、つまりマゾヒズムに目覚め、俳優を志願した「私」とマリにとっては「楽しい悦虐の旅」をもたらすことになったのである。

うまく要約できたかわかりませんが、飯田さんが青山三枝吉のペンネームで六十年ほど前に書いた処女作です。ぜひ巻末収録の一編をお読み頂ければと思います。

飯田　六十年前の自分に向かい合っているようで、色々と思い出されてきた。これを読んだ吉田から手紙がきて、次々に書くようにいわれ、続編の「春秋座秋の旅路」を送ると、こちらは十二月号に、今度は都築峯子ではなく、杉原虹児の挿画で掲載された。

――そちらも拝見しています。この二つの連作はやはり長田の「零落」と「澪」のような関係にあると見ていいでしょうし、「悦虐の旅役者」の主人公が「新しい文学を志望する私」とされていることは象徴的ですし、どこまで意図的だったかは読み取れないにしても、飯田さんがこれからはこうしたアブノーマル小説を書いていくという意志の表明のようでもあるし、実際に飯田さんの人生もそのように進んでいく。

飯田　確かに翌年の十月号には藤木仙治の「たのしきかな時代劇」、十一月号には真木不二夫「愛は被虐と共に」を発表している。この二つも私のペンネームで、この他にも短い読物、読者投稿など多くの原稿も続けて『奇譚クラブ』に寄せています。

――とすると、飯田さんにいっては『奇譚クラブ』五三年十一月に「悦虐の旅役者」を発表してからの数年が『奇譚クラブ』という舞台を借りてのデビューを兼ねたアブノーマルに関する修業時代と考えてよろしいんでしょうか。

それと平行していくつかの職もこなし、体験しているようですが。

32　キャバレー会社の美術部

飯田　『奇譚クラブ』に書くようになってから、これは新聞広告で見つけたのだけれど、東京観光というところに入った。これは東京駅の八重洲口の前にあるキャバレー会社で、保守党の大立者が実質的に経営していた。焼け跡の中で始まった進駐軍相手のキャバレーやナイトクラブなどを手広く営業し、大きくなっていた。

今ではキャバレーといっても大衆的なイメージしかないが、当時のキャバレーは国際的な総合エンターテインメントみたいなところもあり、美術部まであり、そこに入ったわけです。そこでデザインやイラストも覚え、絵描きも何人もいたので、絵の勉強もそこで少しばかりした。そこに二年ほどいたかな。

――それが後半のカットやイラストの仕事にも生かされるわけですね。その話からすぐに連想したのは、白夜書房で荒木経惟と組んで『写真時代』を創刊した天才的編集者末井昭もその前はキャバレーの宣伝部に勤め、ポスターなどを描いていたというエピソードです。出版史的に見ますと、飯田さんと末井は同じ系譜上に位置していると考えていますので、とても偶然の一致のようには思われない。

それはともかく、その後名古屋へもいかれた。

飯田　これには色々と事情があってね。前に日立の社宅で、共産党の細胞となり、ガリ版刷りの細胞新聞を出していたことを話しましたが、公安に目をつけられ、警察の人間が常に訪ねてくるようになってしまった。『球根栽培法』なども配ったりしていたからです。

――『球根栽培法』というと、『栄養分析表』と並ぶ共産党の武装闘争のための非合法文書のことですか。

飯田　そう、まさにそれで、うちにたくさんあった。うちの親父やおふくろは自由人だから、あまりそういうことをいわないのだが、警察の連中が出入りするのをうるさく思ったらしく、少し社宅から離れ、どこかに身をかわしていたほうがいいという意見だった。

それでこれまた新聞広告で、名古屋の繊維メーカー旭一シャイン工業がデザイナーを募集しているのを見つけた。東京観光の美術部で色んなことを学んでいたし、東京から離れることにもなるし、渡りに船とばかり、早速応募すると採用され、名古屋に移った。

それで最初はセーターのデザインの仕事で、毎日絵を描いていた。ところがこれもまた日立製作所の場合と似ていて、同じ部屋に宣伝部があり、ＰＲ雑誌を創刊するというので、いつの間にかこちらに移ってしまった。

33　名古屋のPR雑誌

――企業のPR雑誌が色んなところから出され始めた時代ですね。「出版人に聞く」シリーズ10の内藤さんも語っていましたが、この時代はPR誌が簇生し、広告代理店がその仕事を請け、実際の編集は様々な出版社に回していたようです。

飯田　旭一シャイン工業は名古屋の大きな繊維メーカーだったけれど、PR雑誌を出したのはかなり早かったんじゃないかな。それにまだその頃PR雑誌という言葉すらなかったわけだから。

――そのPR雑誌が『スタイルノート』であることを、都築のインタビュー所収の書影掲載で初めて知りました。何と表紙のモデルの後ろでポーズをとっているのが若き日の飯田さんであることも。

飯田　これも二年くらいの仕事だったけど、編集の面白さに目ざめたといっていいかもしれない。華やかでモデルともつきあえるし、江利チエミが歌っていて、大木実とか葉山良治がスターだった時代で、そういうところにも原稿を取りにいっていたりした。

――ところで名古屋にいかれたら、警察との関係は切れたのですか。

飯田　私も名古屋にいけば、警察もこないし、親にも迷惑がかからないだろうと思い、単身で移ったわけです。

それでＰＲ雑誌に携わり始めた頃かな、休みの日に映画を観にいった。映画館も映画のタイトルも覚えている。そこは名古屋東映で日本で初めてのワイドスクリーンの総天然色テンスコープ、大友柳太郎主演『鶯城の花嫁』です。二階席で観ようとしたら、後ろから肩を叩かれた。すいませんが、この席を外し、一階の一番後ろの席に代わってくれませんかというわけです。どうしてかと尋ねたら、二階は皇室関係の方が見えますのでという答が戻ってきた。要するに、名古屋にいっても監視は外れておらず、休みの日には尾行もされていたことになるのでしょう。

私は一番下っ端の人間で、党員でもなかったにもかかわらず、このように名古屋に移っても監視されていたわけだから、この経験は『奇譚クラブ』や『裏窓』に関わるようになってからも決して忘れたことはない。共産党にしても、アブノーマル雑誌にしても、一旦官憲に目をつけられたら、その後もずっと監視下に置かれているということを。

―― それでよくわかりました。実は『「奇譚クラブ」とその周辺』の最終章「戯れせんとや生まれけん」において、飯田さんは他の著書には見られない激しい権力批判を展開され、それは単なるアブノーマル雑誌編集者の立場ばかりでなかったように思われました。明らかに左翼の視点からの批判もこめられていた。それは飯田さんのそのような体験に基づいているのですね。

飯田　そう考えてもらってもかまわないでしょう。でも私のような者でも共産党の細胞だったというと驚かれるかもしれないが、あの頃は色んな人がそうだったのであり、後の著名になった人も多いのです。

―― それもよくわかります。後の消費社会を造型したのは当時の大学の共産党細胞だったのではないかというのが私の持論ですから。ところでそのPR雑誌の編集にまつわる事情はどうだったんでしょうか。

飯田 そのPR雑誌『スタイルノート』は全国の小売り洋品店を傘下チェーンに収めるための雑誌なんです。それともう一冊はタイトルが思い出せないけれど、その洋品店にくるお客さんのための薄い雑誌、というよりも拡張販売用ノートとでもいったほうがよいかもしれない。店主がお客さんにサービスで配る薄いものでしたが、お金もかかっている立派なものだった。

だから私の雑誌編集の基本はそこで身につけたもので、そういう意味では映画館まで監視されていたにしても、名古屋における二年は貴重な修業時代だった。それに上司に石川真澄というすごい切れ者がいて、一人で絵を描き、文章を書き、写真を撮ることができ、この人に直接教わったことが何よりの収穫だった。

34 中村遊郭のこと

―― まだ『裏窓』にもたどり着いていないのですが、その編集者前史として、飯田さんの人生は波乱に富み、様々な物語も詰めこまれている。普通に大学を出て、出版社に入り、雑誌の編集長になるという通常のストーリーではないわけで、それが特異な編集者としての飯田さんに華を添えているのでしょう。

その他に名古屋で印象に残っていることはありませんか。

飯田　一九五八年四月に売春防止法が施行になり、所謂「赤線」が消えていくわけですけど、名古屋の中村遊郭は最後まで残っていた。なぜ知っているかというと、PR雑誌の印刷屋が中村遊郭の仕事もしていたことから、時々そこに招待してくれた。戦前からの遊郭の建物がそのまま残っていて、手すりのところから覗くと、流しがやってくるのがわかる。女の子が流しにお金をやって、何か歌わせてという。何かしら明治時代の情緒が残っていた。それからびっくりしたのは夜中の十二時になると、太鼓がドンドンとなるわけです。それを聞いて、これは地方にいるのだなと思いましたね。吉原ではもう鳴らしていませんでしたから。

――遊郭というのは戦後生まれの私たちにはわからない世界ですけど、たまたま私が通っている床屋の近くが元遊郭だったようで、すごく魚屋が多い。それで聞いてみると、昔は遊郭と待合があり、仕出しをやっていたからだと話してくれた。もっともその魚屋も今ではほとんどなくなってしまいましたが。

飯田　そうなの、遊郭はみんな仕出しなんです。

――五〇年代にはまだ遊郭の建物なども多く残っていたんでしょうね。その跡やそういったところを訪ねた写真集やルポルタージュも何冊も出されていますし。

飯田　昭和五年生まれの私たちにしても、大正や明治の吉原を想像することはできても、江戸時代の遊郭となるとよくわからないので、全部想像で書いている。

――ということは飯田さんや須磨の時代小説もまったく想像の産物なんですね。

飯田　本当に時代考証を加えていくと、アブノーマル小説ではなく、歴史小説に近くなってしまうから読者から見離されてしまうでしょう。

――確かにそうですね。

35　『奇譚クラブ』編集部を訪れる

それから初めて『奇譚クラブ』編集部を訪れ、吉田稔に会ったのも名古屋時代だと書いておられましたが。

飯田　名古屋で仕事をすることに決めた際に、警察から身をかわすことがまず念頭にありましたが、大阪が近くなり、いつでも『奇譚クラブ』と吉田を訪ねることができるという思いも生じていた。まだあの時代、東京から大阪は遠かったし、新幹線もなく、気軽に出かけていくわけにはいかなかったからです。

――これは今の若い人に説明しても実感がわかないでしょうが、新幹線だけでなく、電話にしてもまだ普及しているとはいえず、遠方の人と会ったり話したりするのも簡単なことではなかった。だからその気持ちはよくわかります。

飯田　でも新幹線のない時代でしたが、名古屋から大阪までは電車で数時間だったし、堺市にあった『奇譚クラブ』編集部を訪ね、吉田に会うことができた。

ですから一方で二種類のPR雑誌を編集し、著名な服飾デザイナーにデザイン画やエッセイ、映画スターや流行歌手のポートレートを巻頭に載せ、その他のページの若い女性向きの流行、風俗、ファッション記事は全部私が名前を変えて書いた。

また他方では吉田の依頼に応じ、『奇譚クラブ』のための小説、読物、記事などを、こちらも名前を変えて書いた。

――つまり名古屋時代をターニングポイントにして、本格的な多重人格ならぬ、いってみれば多重ライターの道を進んでいったことになる。

それからこれは後でと思ったのですが、飯田さんの遊郭体験も出ましたので、ここでお聞きしておきます。須磨や沼正三、その他の『奇譚クラブ』や『裏窓』の執筆者にとって、白人種との戦争体験、さらにそれによる占領が大きな影響を与えているように見受けられますが、飯田さんの場合はどうなんでしょうか。

飯田　沼の『家畜人ヤプー』で、マゾヒズムと白人崇拝の問題が注目されましたが、私の場合はまったく関係がない。確かに占領時代を経験しているけれど、私たちは下町で暮らしていたから、あまり白人も見たことがないし、東京でも日常的に接していたのは一部の人間に限られていたんじゃないかな。
もちろん会田雄次の『アーロン収容所』（中公新書）における白人女性将校体験とかは知っていますが、これも一部の限られた人たちのことで、それこそ沼＝倉田卓次さんクラスの人でないと、繊細なマゾヒズム幻想を抱くことはできなかったように思います。アブノーマル性愛というのは言語ゲーム的側面もあるから、倉田さんのように語学ができないと難しいのではないかと想像してしまう。

――なるほど、だから三島由紀夫のような人が『家畜人ヤプー』に注目したことになりますか。あるいは宇能鴻一郎の『肉の壁』（光文社）といった作品しか生まれなかったこともそれを物語っているのかもしれませんね。

私は占領の問題も手がけており、それとの絡み、また飯田さんが『緊縛★命あるかぎり』の中で、白人女性緊縛体験を語っていることもあって、一度うかがっておきたかったのです。

36　須磨との出会い

――先に進みましょう。名古屋でＰＲ雑誌の仕事を二年ほどして、飯田さんは東京に戻るわけですが、その帰京の列車の中で、短編小説を書き、それを名古屋の書店で見つけ、ずっと読むようになった『裏窓』の須磨利之編集長に送った。すると須磨から会いたいという手紙が届き、飯田さんは訪ねていきます。この場面を飯田さんは感慨深げに『「奇譚クラブ」の絵師たち』の中でも書いていますので、それを引用します。要約するよりは、飯田さん本人による記念すべき須磨との最初の出会いのシーンでもあり、これからの『裏窓』という新しいアブノーマル雑誌の物語の新しい始まりでもあるからです。

当日、国電（いまのＪＲ）中野駅前から新井薬師方面いきのバスにのり、教えられた停留所でおりて、道路脇の公衆電話で編集部へ「いま着きました」と告げると、須磨が自転車にのって、私を迎えにきた。

公衆電話のボックスの前に立っている私の姿を認めると、須磨は自転車からおり、その頑丈そうな大きな荷台のついている自転車を手で押しながら歩いて私の前にきた。

これが、喜多玲子と私との初対面であった。「奇譚クラブ」最盛期に、数千、数万の読者に随喜の涙を流させ、欲情させた「女流画家」と私は、肩を並べて「裏窓」編集部へ向かって急な坂道を歩いた。須磨利之は四〇歳代前半、私はようやく三〇歳になろうとしていた。この日、古い頑丈そうな自転車にまたがって私を迎えにきてくれた須磨の、どこか下町の町工場のオッサンみたいな姿が、なぜか、私のまぶたの裏に、いまでも灼きついていて離れない。

私と須磨の交友は、その日からはじまった。

これからようやく飯田さんと須磨の関係、及び『裏窓』の軌跡をたどっていくことになりますが、その前に『裏窓』を刊行した久保書店のことを確認しておかなければなりません。今では久保書店は「ワールドコミックス」という成人コミックの版元として、一部の読者に知られているだけだと思いますが、五〇年代から六〇年代にかけては特異な出版社の位置を占めていたと考えていい。

第Ⅲ部

37　久保書店、『あまとりあ』、中田雅久

飯田　須磨が『風俗草紙』の重要な執筆者と画家であったが、内容の問題と発売禁止となるのを予測して、編集のメインにすえられることを避けていたことを前述しました。そうしたら、案の定、『風俗草紙』は発禁処分を受け、廃刊となってしまった。

そこで詳しい経緯と事情はわからないけれど、須磨は久保書店に接近し、『風俗草紙』に代わる新しい雑誌の創刊を目論んだ。ご存知でしょうが、久保書店というのはあまとりあ社の別名で、戦後にそれこそ一世を風靡した性科学誌『あまとりあ』を発行していた出版社です。

――『あまとりあ』ついては七七年に藤本義一編による『あまとりあ傑作選』（東京スポーツ新聞社出版局）というアンソロジーが出されていますが、『戦後史大事典』（三省堂）にも立項があるので、これも引いておきます。

★あまとりあ

性風俗誌。一九五一年（昭和二六）三月～五五年八月（第五巻第七号）。全五四冊、臨時増刊二冊。敗戦直後、ベストセラーになったヴァン・デ・ヴェルデの『完全なる結婚』（四六年）をはじめ欧米の性風俗が脚光をあびてきた。性風俗研究家の高橋鐵は、この欧米風潮をきらっ

て、古来からの日本の性文化を再評価する中心誌として『あまとりあ』を創刊。題名は、古代ローマの詩人オウィディウスが恋愛《アマトリア》の技術《アルス》を歌った詩、Ars amatoria からつけられた。創刊号には高橋鐵、正岡容《いるる》、伊藤晴雨、丸木砂土、平山蘆江などが執筆。前年に創刊された「文化人の性科学誌」と銘打った『人間探求』のライバル誌として、風俗川柳の解釈から性医学にいたるまで幅広く内容を掲載した。再三にわたり刑法第一七五条猥褻罪の適用を受け、発禁となった。

飯田　ここに出てくるように、五五年八月号で休刊となり、『裏窓』の前身である『かっぱ』の創刊が五六年なので、『あまとりあ』に代わる雑誌として出されているとわかる。『あまとりあ』はたび重なる発禁処分を受け、休刊せざるをえなかった。

——『あまとりあ』のバックナンバーに目を通してきたのですが、創刊号から休刊直前まで編集兼発行人はずっと久保藤吉となっています。これがいうまでもなくあまとりあ社＝久保書店の経営者です。

ところが休刊する五五年になると、それが中田雅久に代わっていて、しかも数ページに及ぶ彩色口絵に喜多玲子画が四号続けて掲載され、これまでにない須磨ならではのエロティシズムを感じさせています。

飯田　中田さんのことは仲間内ではみんながガキュウさんと呼んでいた。『あまとりあ』の喜多玲子登場は須磨がその頃久保書店に入り、編集にも加わっていたことを示しているのかもしれない。

ところがガキュウさんの経歴はどんなものなんですか。私は彼の過去については何も知らないから。

――　中田の「あまとりあ回顧録」（『あまとりあ傑作選』所収）や新保博久の「中田雅久ロングインタヴュー」（『本の雑誌』〇八年九月号所収）によれば、戦後廃業した博文館を継承して設立された博友社に入り、五〇年に終刊する『新青年』の編集者となる。それから高橋鐵のところに出入りしていた関係で、あまとりあ社に移り、五一年の『あまとりあ』の創刊に携わる。そして五八年創刊の『マンハント』編集長も務め、その後三崎書房の『えろちか』のプランニングにも関係している。

飯田　ガキュウさんが『新青年』の最後の編集者だったのは知らなかったね。久保藤吉というのは元は製本屋で、その後大元社という印刷所も立ち上げ、船橋聖一の『横になった令嬢』などの文芸物を出していたが、高橋鐵と知り合い、『あまとりあ』を創刊することになった。

38 須磨の入社事情

――それで印刷所が大元社になっているんですね。ということはあまとりあ社＝久保書店は出版社であると同時に印刷、製本屋も兼ねていた。

飯田 そうなんです。だから久保は編集人を名乗っていても、印刷や製本には通じていたけれど、編集やその内容についてまったくわかっていなかった。それは私たちにとってプラスに働き、経営者が細かく編集に口出しすることはなかった。

だからそうした経営者の気質に加え、悪名高い『あまとりあ』を五年間も出していた事実を評価し、須磨はあまとりあ社ではなく、久保書店に入ったのだと思う。『あまとりあ』が休刊となった以上、もはやあまとりあ社は消えるしかない。そこで久保書店から新たな雑誌を創刊させようと考えていた。

――つまり東京版『奇譚クラブ』ですよね。

飯田 それを目的としての久保書店入社であることは間違いない。須磨が自分の意志で自由に編集できるアブノーマル雑誌を出したかった。『風俗草紙』のようなエログロ犯罪も一緒になったものではなく、あくまでマニア雑誌をめざしていた。しかし経営者に対しては最初からそのことをいわない。久保にエログロ犯罪とマニアのＳＭのちがいを説明してもわからないからです。

――　でも久保書店は高橋鐵の性交態位の研究『あるす・あまとりあ』シリーズでものすごく儲けたはずで、性に関する出版は当たれば大きいことを知っていた。『高橋鐵』（「新文芸読本」、河出書房新社）の中に、久保書店とあまとりあ社の名前入った「高橋鐵著作百万部突破記念」のハッピ、及び久保も写っている「記念会」の写真も収録されている。それは五一年のようですので、当時の「百万部突破」というのは大変なものだったんじゃないでしょうか。高橋も自宅を新築し、「あまとりあ御殿」と呼ばれたといいますから。

飯田　それは『あまとりあ』が性科学を標榜し、それは高橋の『あるす・あまとりあ』シリーズも同様で、六〇年に謝国権の『性生活の知恵』（池田書店）がベストセラーになる先駆けだった。それはこれらが一般読者を広くつかんだからです。でも『奇譚クラブ』や『裏窓』はマニアの読者を想定して編集していたので、『裏窓』から派生した単行本にしても、ベストセラーになったことは一度もなかった。

――　この際だから先に聞いてしまいますが、『裏窓』はどのくらいの部数が売れていたんでしょうか。

飯田　それが今となっては悔いが残るのですが、経営者が部数を教えてくれなかった。売れているといえば、給料を上げろといわれるのがいやなのか、毎月の売上部数についてもよかったとか悪かったというだけで、本当の部数は伝えられなかった。ただ基本的にマニア雑誌の性格からすれば、数万部といったところじゃなかったでしょうか。

――それは『奇譚クラブ』も同じですか。

飯田 私は須磨と出会い、『裏窓』に多くの小説や読物を書いていたが、その一方で時々『奇譚クラブ』にもペンネームを変え、投稿していた。それも必ず吉田への激励の手紙を添えて。でも部数に関しては伝わってこなかった。大阪での発行というハンディもあるから、『裏窓』ほどにも部数は伸びていなかったのじゃないかと思う。

それに部数が云々というよりも、『奇譚クラブ』は私の故郷で、孤独なマニアにしてみれば、大半がそう思っているにちがいなかった。それは須磨も同様で、私が『奇譚クラブ』にしばらく書かないでいると、少し内容がさびしくなっているから、たまには書いてやってよと心配して頼んできた。また久保書店とちがって、暁出版は『奇譚クラブ』オンリーで、ほとんど吉田が切り盛りしていたことから、経営は大変で私財を注ぎこんでいるという噂も伝わってきてはいた。

39 『裏窓』創刊まで

――そういった『奇譚クラブ』の事情や休刊の件に久保が通じていないわけもないはずで、須磨も創刊に当たってはかなり苦労したかもしれませんね。

飯田 経営者の久保が創刊を渋っていたと聞いています。せっかく悪名高い『あまとりあ』を休刊にしたのに、またしてもさらに問題な変態雑誌を創刊していいのかという迷いもあったはずでしょうね。当時のそうしたものに対する社会的蔑視と偏見はとても強く、しかも『あまとりあ』と高橋鐵のようには儲からないとわかっていたわけだから。

――出版業界ですらも蔑視と偏見はすごかったようですよ。このシリーズでまだ出てないのですが、小泉孝一の『鈴木書店の成長と衰退』の中で、久保書店の口座を開き、店売に置けたら、飛ぶように売れていくのはいいけれど、岩波書店を始めとするメイン出版社から、どうしてあんな出版社の口座を開いたのかとクレームが次々に入ってきたと語っていました。

飯田 まあ、そうでしょうね。それらのことからしても、孤独なマニア読者が置かれていた状況がわかるでしょう。時には読んだりするだけで、犯罪者扱いされかねなかったのです。

それらのこともふまえて、須磨は当局ににらまれるような雑誌はつくらない、編集費とは十万円で、一冊の表紙代、原稿料、画料のすべてをまかなうし、紙、印刷、製本代は最低の線でいいと申し出た。

――いくら今から六十年前の一九五〇年代といっても、編集費総額十万円というのは信じられないくらい安いですね。

飯田 今の言葉でいえば、本当に超低予算ということになる。そしてさらに経営者に決して迷惑はかけないし、損はさせないからとも説得したので、久保も不安ながら承諾したといいます。それで前述したような天性の器用さ、八面六臂的な仕事ぶりで、一冊の娯楽雑誌を仕上げてしまった。それが五六年創刊の『かっぱ』です。これは雑誌としてはこれまでなかった新書判の大きさで、創刊執筆メンバーは平野威馬雄、石黒敬七、正岡容、武野藤介などで、『あまとりあ』や『風俗草紙』の寄稿者と重なっている。

ところが「カッパ・ブックス」という新書判シリーズを発行していた光文社からクレームがつき、ポケットに入る新書判からA５判へ、タイトルも五六年十月号から『裏窓』へと改題に至るわけです。

――六〇年代になって、『平凡パンチ』の別冊が新書判で出たり、七〇年代のSM雑誌も新書判がありましたが、雑誌のポケット判というのは『かっぱ』が走りだったかもしれませんね。

飯田　そういうところが須磨の先駆的センスでしょう。もちろん当時何種類も出ていた小型時刻表などにヒントを得ているにしても。

でも『かっぱ』にしても『裏窓』にしても、最初からアブノーマル雑誌として出発するわけにはいかないので、まったくありきたりの実話雑誌として始められた。ところがマニアの読者が書店で見て、ページを繰ってみると、どうしても買わずにはいられないイラスト、小説、読物が少しだけ巧妙に混入されている仕掛けになっていた。それこそが全国にいるマニア読者、以前に『奇譚クラブ』によっていた須磨＝喜多玲子が新たに送る秘かなシグナル、あるいはメッセージだったのです。

――前に「倶楽部雑誌」にふれましたが、「実話雑誌」というのも戦後の産物で、実際に三世社からはまさに『実話雑誌』が出ていて、これは犯罪や芸能やスポーツなどの内幕記事をメインにするものだった。

飯田　それもみんなセックス絡みで、カストリ雑誌からの流れでしょうし、『夫婦生活』（第二期）や『百万人のよる』といった風俗雑誌もかなり出されていましたから。

――「実話雑誌」というのはアメリカのコンフィデンシャルマガジンからきているのでしょうが、そのニュアンスを今でも残しているのは『週刊実話』ぐらいでしょうね。とにかくいずれにしても、『裏窓』はそれらの雑誌というカモフラージュを施し出されていったと。

飯田　私は『かっぱ』から『裏窓』へ改題した頃から読み始めている。その紙質も印刷も悪く、カラーページもない、まだカストリ雑誌のような面影を残している実話雑誌『裏窓』になぜ魅せられたかというと、先ほどいったように、そこに紛れもない喜多玲子のメッセージが隠されていて、奥付の編集人に須磨の名前を見出したからです。

40　『裏窓』の独特な匂い

――それはマニアの読者であれば、立ちどころにわかってしまうようなものなのでしょうか。

飯田　何といったらいいのかな。それは同じ嗜好を持つマニアにしかわからない一種独特な匂いのようなものなんです。マニアならでの敏感な嗅覚で、一瞬のうちにそれを嗅ぎつけてしまう。一応は実話雑誌のふりをしていても、その中に一ページか二ページでもマニアに向けて書かれているか、もしくは描かれていれば、マニア読者は本能的にそれを嗅ぎ分け、『裏窓』を買うようになる。そういったマニアの心理を熟知しているからこそ、低コストで紙質が悪かろうと、低予算で編集費が切りつめられていても、自信を持って新雑誌に挑んでいったのである。取次ルートに乗り、とにかく全国のマニア読者の目にとまれば、こちらの勝ちだと考えていた。

―― またそれが須磨の望み、『奇譚クラブ』を辞め、上京してきた目的でもあったのですね。

飯田 ですから須磨の『奇譚クラブ』で培われた編集テクニック、執筆人脈、それから『風俗草紙』で知り合った画家たちも、『裏窓』へと流れこんでいた。そしてカモフラージュを施しながらの創刊だったけれど、『裏窓』は数号を重ねただけで、売れ行きは上々となり、利益は上がり、経営者は須磨に対し、丁重な扱いを示すようになり、須磨の計画は目論見どおりに進んでいった。

何よりもよかったのは編集費も上げられたことで、一定の画料も計上でき、須磨が担っていた表紙なども、画家たちにまかせられるようになったことです。

―― それは画家たちだけでなく、新人作家にしても同様で、その上がり調子の頃、飯田さんが投稿し、須磨と初めて出会ったことになるのですね。

飯田 そうか、もう一度そこに戻らないといけない。久保書店は中野の江古田にあった。今は

昭和41年当時の編集部を描いたイラスト
（『サスペンスマガジン』より）

松が丘に名前が変わっていますが、場所は同じです。

―― それでひとつわかりました。六三年にマイアミ出版社というところから正続『高橋鐵コレクション限定・私家版』が出されていて、これは後の展望社の千葉忠介が発行者となっていますが、その住所は中野区松が丘ですから、久保書店のダミー的出版社だと考えていい。

すいません、話を中断させてしまい、このことは後でもう一度ふれます。話を続けて下さい。

飯田　自転車を押す須磨と私が歩いていくと、哲学堂のそばの丘の上に久保書店があった。丘の上の寂しいところで、いかにも田舎といった感じがして、バラックめいた木造二階建てだった。一階は機械が置かれ、製本工場となっていた。玄関で靴を脱ぎ、スリッパにはきかえ、階段を上がると、二階は昔の小学校の教室のような板床と板壁のワンフロアで、そこが編集部になっていた。以前はここが『あまとりあ』、その時は『裏窓』の編集部でもあった。

その久保書店の前に、久保社長の家があり、倉庫のような日本家屋で、土地も家も高橋鐵の『あるす・あまとりあ』シリーズで儲け、安く買ったといわれていた。中野駅前からバスでいっても、新井薬師前を過ぎてもはるか向こうで、見渡すかぎり松の林があるところで、そのために地名が松が丘と変わったくらいのまさに郊外という感じの場所だった。安く買ったというのは本当だろうと思いました。

――大元社の住所は新宿でしたから、おそらくあまとりあ社と製本屋を兼ね、移ってきたのでしょう。

さて須磨、すなわち憧れの喜多玲子との初対面を果たした飯田さんはその後はどうなりましたか。

飯田　私は須磨から毎月原稿を書くように依頼され、それを一本書き上げるたびに、江古田の『裏窓』編集部を訪ね、須磨に直接手渡すことを繰り返した。須磨もそれを待っていた。それから二人で新宿や渋谷に出かけ、執筆者と編集者の関係に加え、マニア同士の親愛感もあり、酒を飲んで語り合い、夜を徹して遊ぶようにもなった。そして連載小説も依頼された。

――それは後に単行本となる『地獄の乳房』ですか。

飯田　そうです。須磨は私にいった。もうしばらくアブノーマル雑誌ではなく、ありきたりの大衆娯楽小説雑誌のふりを続けていきたい。普通の娯楽小説の中に責め場があり、その他にもSMムードが漂っているような連載小説をというものだった。

41 『裏窓』のタイトルと由来

―― ようやく飯田さんが『裏窓』にデビューし、常連執筆者になっていくところまできました。

実はこのインタビューを見越して集めたわけではありませんが、私も『裏窓』を少しは集めてきましたので、これからそれらも参照し、話を進めていきたいと思います。その前に確認しておかなければならないのは『裏窓』というタイトルの由来です。これは日本で五五年に公開されたヒッチコックの『裏窓』によっているのですか。

飯田 それは間違いありません。今だったら『かっぱ』の問題と同様で、映画の題名の流用もクレームがついたでしょうが、当時はまだ大丈夫だったので、堂々と使うことができたんだと思います。

―― そうとしか考えられませんからね。

さてこれらが『裏窓』の五七年八、九、十一月号の三冊です。八月は「異色読物特集号」、九月は「耽奇小説特集号」、十一月は「あぶちっく・みすて

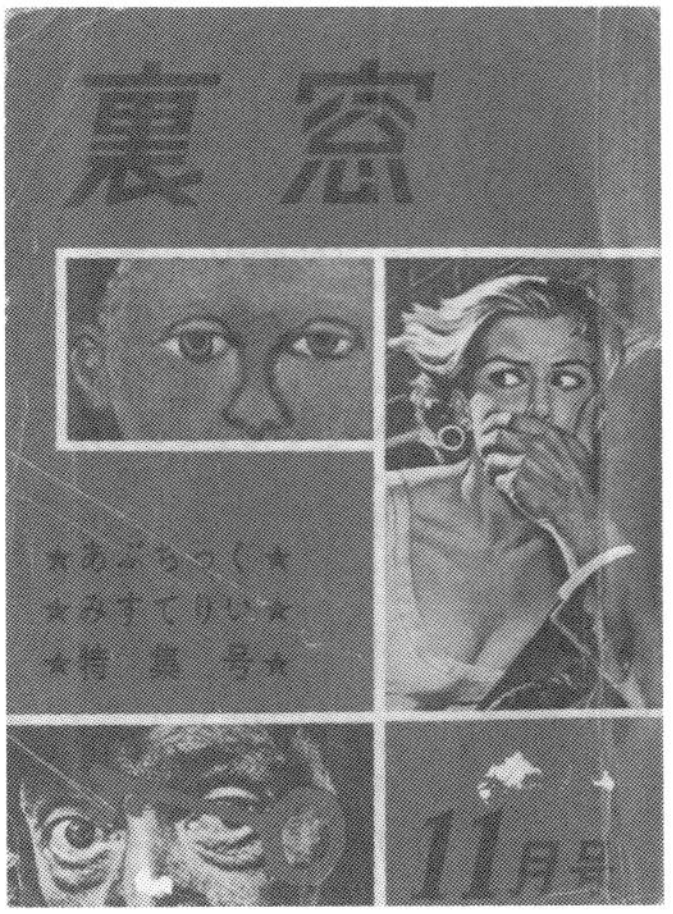

りい特集号」となっています。

飯田　私も『「奇譚クラブ」とその周辺』の中に五七年一、四月号の表紙を掲載しておきましたが、これらは五七年後半の号なので、少し変化があり、『かっぱ』の表紙に似た無国籍コラージュ風になっている。これは「裏窓」というタイトルのレタリングも含め、すべて須磨の手になるものです。

――　確かに目次に「表紙……須磨利之」とあり、八月号の本文中に「裏窓の表紙について」という囲み記事が置かれ、今までの雑誌にない感じのものを考えたが、うまくいかず、来月こそはもっといいものをという言葉が記されている。

飯田　それを証明するように、八月号は表紙だけだけれど、九、十一月号は裏表紙も須磨が手がけ、『裏窓』という雑誌のイメージがレベルアップしている。これらは渋谷でアメリカのペーパーバックの古本や雑誌を売っているところから買ってきたものを利用したコラージュ的なものです。

―― 本当ですね。八月号の裏表紙は自社の増刊『よるとひる』という雑誌の広告で、まったく垢抜けない通販広告のようなものでしたから。須磨が両方を受け持つことで、『裏窓』そのものの外見が見ちがえるほどよくなっている。

42 『裏窓』の作家と画家たち

飯田 それに須磨はもうしばらくありきたりの大衆娯楽雑誌のふりを続けていきたいと私にいいましたが、これらの五七年の『裏窓』を見ると、すでに他にないアブノーマルな気配に包まれている。

例えば、八月号を見てみると、二十本ほどの小説と読物が掲載されている。執筆者としてすぐわかるのは「贄の花」の松井籟子、連載の「隠密覚書」の島本春雄、「特高秘話」の高月大三です。松井は先述した『奇譚クラブ』の女流作家、島本は関西在住の作家だったが、須磨にスカウトされるかたちで上京し、やはり久保書店に入社し、執筆者を兼ねた編集者、高月は須磨のペンネームです。

―― 松井の本の広告がこの号に出ていますが、これも須磨の企画で、彼女も島本同様に彼によって久保書店と『裏窓』に移ってきたと見なしていいでしょうか。

飯田　それは間違いない。『奇譚クラブ』の場合、書籍は出していないので、東京の出版社から単行本が出せるということは松井にとってもうれしい条件だったと思いますよ。

――この『密夜《ひそかよ》』は古書目録で二回ほど見かけ、申しこんだことがありましたけど、二回目に当たり、入手していますが、そういう事情も含まれていたことになりますか。

飯田　『奇譚クラブ』の場合、いくら好評であっても書籍化はされない。ところが久保書店では、しかも『密夜』の装丁は喜多玲子で、それが立ちどころに実現してしまう。それどころか、東京の場合、久保書店でなくても、そのような出版社が現われてくる。それは団鬼六の『花と蛇』、沼正三の『家畜人ヤプー』の例に象徴されている。作家であれば、いくら匿名、もしくは世にはばかる作品であっても、上梓したいという願望を秘めていますから、須磨の上京と久保書店入社はそれをかなえることになったと思っています。

――それは確かにそうですね。『奇譚クラブ』ではかなえられなかったことが『裏窓』では可能になった。それが執筆者たちを引き寄せた要因のひとつでもあった。

飯田　それは画家たちにとっても同じでしょう。本が出されれば、絵も再録されますから。この八月号を見ていっても、松井の「贄の花」、村岡良平の「狂恋懲罰監房」、真野麗の「黒髪ざんげ」は秋吉巒、島本の「隠密覚書」、稲垣史生の「女形地獄」、夢野蓉古の「道化地獄図絵」は中島喜美、麻布義朗の「いぬ」は古正英男ですから、須磨が『風俗草紙』を通じて親しくなった画家たちも登場している。

それから竹谷十三の「貞女お道」、佐々木力の「肉ごたつの群」は都築峯子、神行京一の「鼠男と猫女」は美濃村晃で、これはいうまでもなく『奇譚クラブ』の流れです。この号には出ていませんが、須磨の後を引き受けた絵師柴谷宰二郎＝滝麗子も栗原伸というペンネームで絵を寄せるようになる。

――この八月号の画家たちを見ても、須磨の『奇譚クラブ』と『風俗草紙』のメンバーが合流しているとわかる。

43　初期の号の特色

飯田　二十編の小説や読物も執筆者全員のことはわからないけれど、同じような組み合わせだろうと想像できる。

――「あぶ」の三宅一朗は『あまとりあ』の執筆者で、後に『ヴィドック回想録』（作品社）などの翻訳者ですね。

飯田　そうです。彼には私の編集長時代にもよく書いてもらいました。

これらの執筆者たちの中には須磨のペンネームも混じっているでしょうか、内容を見てみると、多彩なアブノーマルメニューを揃えている。

――私もまったく同感です。最初の色頁の阿部すけはるの「生人形の夢」は江戸川乱歩の小説における美しい女性の緊縛シーンなどを抽出して論じた「悦虐女体讃」で、そこに乱歩の人気の秘密、妖しいまでの魅力を見出している。乱歩が『奇譚クラブ』のファンだったことはともかく、このような異色の乱歩論を巻頭に掲載したのも『裏窓』ならではのセンスというか、先駆けた試みのようにも思われます。

飯田　そうした読み方を得意としているのは須磨だから、阿部すけはるも彼のペンネームじゃないかな。それに「悦虐」という言葉を使い始めたのは須磨だから。

それから順を追って小説や読物の内容を見ていくと、松井の「贄の花」はレスビアンとサディズム、稲垣史生の「女形地獄」は乱歩の芋虫的小説、村岡良平「狂恋懲罰監房」と伏見和夫の「放浪の記」はホモセクシャル、麻布義朗の「いぬ」はマゾヒズム、島本春雄の「隠密覚書」は色若衆と大奥中﨟、竹谷十三の「貞女お道」は嫁いびりサディズム、柏木雛子の「楽園の香り」は体臭フェチシズム、鳴山能平の「夜の緋縮緬」は映画に出てくる縛られた女優たちとその場面、佐々木力の「肉ごたつの群」は少年マゾヒズム、真野麗の「黒髪ざんげ」は髪フェチズム、神行京一の「鼠男と猫女」はマゾヒストの夫とサディストの妻、高月の「赤い花々」は特高による共産党員ハウスキーパーへの拷問、岩堀光の「胡蝶秘文」は旅先で襲われ、責められる娘たちを扱っている。

だから大半がサディズム、マゾヒズム、レスビアン、ホモセクシャル、フェチシズムに関する小説と読物で、ここに挙げなかったそれらに分類できないものにしても、必ず縛られた女などのイラストが入っていて、まだ創刊して一年にも充たないのに、立派なアブノーマル雑誌になっている。

――そうですね。須磨にとってはまだ不満だったでしょうが、ありきたりの大衆娯楽雑誌の位置にはないし、とうにその域は脱している。それだけはよくわかります。

この号には「裏窓既刊号目次」も収録されていて、これが九号目だとわかる。ただここでは『裏窓』増刊号としての『よるもひるも』も含まれていますが、これは「性医学特集」とあるように明らかに『あまとりあ』の臨時増刊ですから、バックナンバーから外したほうがいい。

最初の号は五六年十一月号の「戦慄犯罪特集号」で、その後も犯罪や毒婦などの特集が続き、前号の五七年七月号になって「倒錯の手記特集号」が組まれ、雑誌の性格を初めてカミングアウトしたかたちになり、その次が八月号だったので、それこそ「倒錯」の色彩が濃くなっていたのかもしれません。

飯田　目次を見ていると、最初の頃は峯岸義一、原比露志、三宅一朗といった『あまとりあ』の執筆者たちも見えるが、次第に須磨人脈で占められていっている。

稲垣史生といえば、現在では『時代考証事典』（新人物往来社）などでよく知られているけれど、彼は京都の映画撮影所にいて、須磨も『奇譚クラブ』に入る前にそこでエキストラなどのアルバイトをしていたから、知り合ったと思いますよ。

須磨は撮影所で、あの悪役俳優の上田吉二郎に可愛がられたといって、あまりうまくないけれど、よく上田の物真似をやっていました。

44　物語のルーツとしての晴雨

――そうした体験が須磨の時代小説のルーツなんでしょうね。それを彼が書いている時代小説やコミックの原作などを読んでいくと、その物語の原型が伊藤晴雨の『地獄の女』だとわかる。

飯田　あの絵物語が基本ですし、だから須磨は晴雨を師と仰いでいたわけです。

――そういえば、『地獄の女』の責めの美学といったものは団鬼六の『花と蛇』にも引き継がれているし、晴雨が偉大なる先達だった。

飯田　ドストエフスキーが我々はみんなゴーゴリから出たといいましたが、アブノーマル雑誌の多くの執筆者や画家たちも晴雨のことを抜きにして語れない。

飯田　私の場合は長田幹彦的な流れを引きずっているので、少しちがいますが、基本的にはそうでしょうね。

――その長田的なるものですが、稲垣の「女形地獄」は戦時下における旅役者の物語で、まだ五二年に飯田さんが『裏窓』に書いていないことを知っているから間違えませんが、稲垣も飯田さんのペンネームではないかと思ってしまうほどです。もちろんよく読めば、文体やテーマが異なっていることは明らかですが。

飯田 やっぱりアブノーマル小説にはパターンがあって、自分にあった物語を見つけ、それに沿って書きながら、SM的要素を加えていくという手法をとります。マニア読者の嗜好というのは多種多様であっても、好まれる物語原型は限られているので、どうしても同じようなパターンが重なってしまうことは避けられない。

―― 須磨の色々な小説にもそれを感じますが、彼よりも多くのペンネームを持つ飯田さんの場合、ちょっと失礼な言い方になるかもしれないけれど、コロッケというものまねのうまい人がいて、飯田さんは文章におけるコロッケじゃないかと思っています。飯田さんは何でもうまく書き分けてしまう。映画でいえば、東映時代劇でも日活アクションでも大船調のドラマでも、何でも書くことができる。それも速筆だとうかがっています。

飯田 ただそれが自分で一番嫌なところなんだ。例えば、村上春樹の小説を読むと村上の文体で書いてしまう。谷崎潤一郎の小説を読んだ後は谷崎が憑依するから、今度は谷崎の文章になってしまう。だから器用貧乏なの。

私は何か書くたびにペンネームを変えているのはそうした自分に後ろめたいところがあるからでしょうね。それによって自分ではテーマを変えているつもりでもありますけどね。

―― ただ須磨と飯田さんのちがいをいうと、須磨が戦前からの講談の流れを引く時代小説や映画の時代劇などに通じ、そこに物語のパターンを求めていることに対し、飯田さんの場合は近代文学の陰影を否応なく感じてしまう。

飯田　円本の『明治大正文学全集』を一応読破しているから、それもあるかもしれませんが、やはり私の場合は長田幹彦や久保田万太郎の世界がベースになっている。それに浅草育ちと芝居体験でしょう。

45　旅役者の世界

――私などは縁日に出る旅役者を見ている最後の世代なんです。それこそ神社の境内に舞台を作り、そこで上演する。それでも飯田さんの「悦虐の旅役者」じゃないけど、六〇年代まではまだ細々と続いていた。そこには今の大衆演劇とは異なる侘しさみたいなニュアンスがありました。あの感じはなかなか伝えられない。

そういう視点から見ると、稲垣の小説もまたちがう。「女形地獄」に出てくる芋虫状態の軍人のモデルは沢村田之助のように思えるし、そうだとすれば、歌舞伎に物語の原型があるのではないか。

飯田　田之助は色っぽくて一流の人だから、旅役者の世界とは全然ちがう。長田の「零落」や「澪」の役者の名前は田之助だけれど、こちらは本当の旅役者の世界の田之助で、まったく異なっている。

そうではない本当の田之助をモデルにして、船橋聖一や南條範夫を始めとして、いくつもの田之助小説がある。

―― やはり呪われた歌舞伎役者みたいな感じですか。

飯田 本当は鉛毒、昔の白粉は鉛を使っていたから、その毒が皮膚から入って壊疽となり、ヘボンによって手足の切断手術を受け、それでも舞台に立った。その姿を見て、梅毒だとかだました男や女の呪いだとか色々と噂され、死んでいった。

―― それが伝説となって、多くの小説や物語が書かれ、流布していったわけで、芸能の出自というか闇みたいなもの象徴する人物になってしまった。

飯田 そうなんですよ。でもそういう世界は描けない。悲劇ではあっても、旅役者の哀感ではないからで、それも私の弱点かもしれない。

今も旅役者の哀感のことを書いているけれど、田之助的なものではない。

―― それはどういうものですか。

飯田 ひいきの役者がいて、この間その旅芝居を見にいった。芝居が終わった後、役者たちが同じ衣裳とメイクのままで、出口に立って有難うございますと、客のお見送りをしている。その時、今日はどうしたの、いつもより元気がなかったじゃないかといったら、癌で本当は手術しなければいけないけれど、手術できないままできてしまったと話してくれた。まだ若くて三十代なんです。駄目だよ、医者がそういっているなら、早く手術しないとといったら、でも僕が出ないとこの一座はつぶれてしまいますからという返事が戻ってきた。

　でも私の場合、そこまでしか書けない。本来であれば、手術するところまで付き添い、それを見て、彼と一座のその後も書けばいいのでしょうが、それはできないし、私の駄目なところです。

　また旅役者が安心して稼げるところは所謂健康ランドで、そこが舞台のある大きな小屋になっている。そこが人気のある一座を呼び、お客を集める仕組みになっている。

――飯田さんに教えられ、すぐに観にいきましたので、それはよくわかります。だからかつてと異なり、今の言葉でいえば、旅役者をめぐる環境とインフラが変わってしまった。

飯田　私が仕事として日常的に縛っているモデルの女性たちにもそれはものすごく顕著で、物語要素というものがまったく消えてしまったこととも通じている。

46　島本春雄と『耽奇小説』

――少し戻りますが、島本春雄が当初の頃は犯罪実話風の探偵物を何本も書き、その後「隠密覚書」のような時代小説の連載を始めていく。でもこれらを読んでも、稲垣と同様に島本自身にはアブノーマルな体質は感じられませんが。
飯田　やはりわかりますか。

島本は引き続き連載を続けていくのですが、関西探偵作家クラブに属していたこともあって、『裏窓』の別冊として出された『耽奇小説』の編集にも携わるようになった。

――この雑誌は『裏窓』増刊、独立した月刊誌として合計九冊が出され、五八年五月の増刊第七集の『耽奇小説』第三号があります。表紙と目次カットは『裏窓』の重要な画家で、飯田さんが誇りにするデザイナーの江渊晃夫です。それにこの号には藤見郁「誘惑殺人事件」（沖渉二画）、飯田豊吉「空中ヌード劇場」（山田彬弘画）が掲載され、これはどちらも飯田さんのペンネームです。

飯田　まだ私は久保書店に入社していなくて、注文にまかせ、書きまくっていた頃ですね。五八、五九年には三、四十編以上が『裏窓』に掲載され、プロとしての作家生活が始まっていましたから。

――『裏窓』だけでなく、『耽奇小説』にも書いていたことになると、もっと増えるし、『奇譚クラブ』への投稿も入れれば、さらに多くなる。三誌とつき合うことで、飯田さんの多作ぶりに拍車がかかっていく。

47 『裏窓』デビュー

飯田 それはまず東京に戻ってきたことがある。こんなことをいうと、名古屋の人に叱られるけど、当時の名古屋には刺激がなくて、東京に帰りたくてしかたがなかった。『奇譚クラブ』に投稿し、大阪の編集部を訪ね、吉田稔にも会っていたけれど、ほとんどは手紙を通じてのやりとりで、物足りないところがあった。

それで東京へ帰る汽車の中で、「青い顔の男」を書き、『裏窓』に送ったところ、五七年十二月号に掲載が決まり、すぐに会いたいという手紙が届いた。これは前にもお話ししましたが、それから毎月原稿を書き上げるたびに『裏窓』編集部に届け、須磨と遊ぶようにもなった。最初は編集者と作家の立場だったけれど、アブノーマル嗜好を共有していることから、いつの間にか雑誌の企画や内容の話もするようになり、編集にも関わることになってしまっていた。

―― それはきっと須磨とのつき合いが楽しく、同志的な結びつきでもあったのでしょうね。

飯田 もちろん、そうです。

―― でも『耽奇小説』のほうは編集人は中田雅久とあるので、ミステリー小説が中心となっていて、戦前からの作家だけでなく、岡田鯱彦、狩久、都筑道夫、楠田匡介、島久平、土屋隆夫といった戦後デビューした作家が混じり、中田や島本の人脈が動員されているとわかる。

飯田　ただ画家のほうは江淵《ママ》晃夫、山田彬弘、沖渉二に秋吉巒、中川彩子、美濃村晃も登場しているので、こちらは作家たちと異なり、『裏窓』のメンバーが集められている。

――でもさすがに縛られた女、責められている女の絵は見当たらなくて、何となくおかしい気がする。

　この『耽奇小説』に示された久保書店のミステリーの流れはやはり五八年創刊の中田を編集長とする『マンハント』につながっていくわけですね。

飯田　編集人脈や新規の執筆者の参加はあるけれど、基本的にはそうです。だから五八年には須磨の『裏窓』編集部と中田の『マンハント』編集部があの江古田の久保書店の二階に同居していたことになる。

48　五八年の『裏窓』

――その五八年の『裏窓』は一、二、十、十一月号と四冊あります。

飯田　この年の特色はまず表紙の担当が須磨から中島喜美と秋吉巒になったことだね。須磨のコラージュ的な表紙が中島は時代劇的な女性、秋吉は白人女性の神話的姿などに変わっているので、それだけでも『裏窓』の妖しいイメージが高まっている。

――まさにそのとおりで、四冊しか見ていないのですが、前半が中島、後半が秋吉の担当

裏窓
新年特大号

裏窓
★裏窓遊侠伝特集
2月号

裏窓
怪異復讐譚特集号
10月号

裏窓
陰謀叛乱秘録特集号
11月号

だったんでしょうね。

飯田　それから若干厚くなっていて、一月号の「あぶちっく忠臣蔵特集」は新年特大号と銘打たれていることもあって、三九〇ページに及んでいる。

――本文では「特集裏窓忠臣蔵」となっていて、十五本の小説と読物が並び、飯田さんも「血まみれ観音像」という一本を寄せている。若い赤穂浪人が死に際の侍から観音像を預けられ、それを取り戻そうとする一団の武士たちに住んでいる長屋を襲われる。その隣家にはやはり浪人の父と娘が住んでいて、代わりにその父は切られ、娘は誘拐され、縛られて責められる。彼女を助け、負傷したことで、彼は赤穂浪士討入りに加わることができなかったというストーリーです。覚えていますか。

飯田　いや、よく覚えていないね。

――もう六十年以上前の作品ですから、無理もないですよ。ちなみに色貞の「阿撫的赤穂噺子」を書いている法界寺嘉はおそらく須磨のペンネームで、鶴屋南北の『東海道四谷怪談』などを例に挙げ、忠臣蔵のアブノーマルな側面に焦点を当てています。

飯田　それは間違いなく須磨でしょう。彼はそういうことにも詳しかったから。

――そういった「倒錯」忠臣蔵ばかり、十五本も並んでいるのは壮観なんですが、その特集以外にもっと興味をそそられた作品があって、そのことをお尋ねしたいと思っていました。それは否笠一郎の「白い芋虫」で、「ゆうぐれになると、わたしは家へかえるのがいやになってくる」

という一文から始まっている。語り手は大会社の二代目社長ではあるが、それは空襲で両手両足を失った娘をもらった、つまり「白い芋虫のような女の良人となった」からで、その結婚生活はどんな怪奇作家や画家にしても、「とても想像もおよばない幻異妖態なものになった」。そうした告白が改行なしで九ページに及び、絵は根元裕によるものです。明らかにジョイスの『ユリシーズ』の内的独白を連想させる。この否笠は誰なんでしょうか。

飯田 江戸川乱歩の「芋虫」の逆パターンですけど、誰なのかな。マニアの作家の場合、そういう実験的表現は読者が好まないことを知っているから使用しないのが普通です。

―― とすれば、これは投稿作家のものだとも考えられるわけですか。

飯田 私や須磨では絶対ないし、島本でもない。ちょっと心当たりがない。あるとすれば、三宅一朗などを経由している。そう考えるべきでしょうね。

49　五九年の『裏窓』

―― その次は五九年一、三、四月号、六〇年四月号の四冊ですが、これは表紙の担当が堂昌一と同じです。堂昌一は別名の『春日章画集』（グリーンドア文庫）が出されていますが、版元のケイブン社が倒産したために、とても高い古書価になっています。

飯田 この時代になると、本当に表紙も含め、挿画やイラストは目を見張るような充実ぶりを

裏窓
播州赤穂浪士
新年号

裏窓
凄艶毒婦妖婦·特集
3月号

裏窓
淫祠邪教·特集
4月号

裏窓
4月号
異色時代小説特集号

示してくる。堂昌一は岩田専太郎的な美人画技法を継承する画家で、他にない艶やかさがあって、評判がよかった。それでこれまでになく二年近く表紙を描くことになった。

――乳房や肌の露出はあっても、アブノーマルな感じを与えない美女のイラストが一般読者の目も引き、それで売れ行きもよかったんじゃないでしょうか。

飯田　それは大いに考えられる。須磨が『裏窓』でめざしていたのはアブノーマル雑誌を多彩なイラストレーションで飾り、マニア読者の夢想と妄想を刺激し、具体的な快楽のイメージを提供するというものだった。それは画家の限られた大阪の『奇譚クラブ』で果たせなかった夢でもあり、それを実現するために上京したともいえるからです。

繰り返しになりますが、もう一度それらの画家の名前を挙げれば、『奇譚クラブ』からの須磨＝喜多玲子、美濃村晃、都築峯子＝八木静男、滝麗子＝栗原伸に加えて、『裏窓』に多くの画家たちが参画してくる。堂昌一の他に時代物は挿画界のベテラン木俣清史＝小日向一夢《かずむ》、女体の線を繊細華麗に表現する日本画家の中島喜美、激しい動きの人物描写が得意で、時代物も現代物もこなす山田彬弘、暗い情念を独得のシュールリアリスムで描く秋吉巒、何でも気軽に引き受け、奇妙でおもしろい味を出す古正英生、誠実で丁寧な筆致によって美女を表わす沖渉二、洗練されたタッチと正確なデッサン力でマゾヒズムを表現する江渕晃夫、一部の読者に絶大の人気を博していた鬼頭暁、拷問画の鬼才ともいえる中川彩子などが勢揃いし、『裏窓』を活性化させることになった。

——確かにこれらの画家たち全員がこの四冊にも総出演している。しかも彼らは巻頭の絵物語も担当し、画家によっては文までも引き受けていますから、彼らも水を得た魚のように活躍しているという印象を受けます。

飯田　私は彼らのほとんどと組んでいるはずです。例えば、五九年一月号の豊田一狼「紅蜘蛛と殺人鬼」、飯田豊吉「怪異愛霊教」、藤見郁「魔組侍始末記」、矢桐重八「覗き見平内」はすべて私ですが、挿画はそれぞれ山田彬弘と秋吉巒が担当している。

50　多岐にわたるペンネームとその他の作家たち

——他の三冊を見てみると、堂昌一、栗原伸とも組んでいます。ですから『裏窓』全巻を通じれば、飯田さんの作品はこれらのほとんどの画家たちの絵やイラストとのコラボレーションといえるでしょう。

ところで飯田さんの多岐にわたるペンネームですが、『奇譚クラブ』や『裏窓』時代から使われたものだけでも挙げて頂けませんか。

飯田　全部は思い出せないけれど、挙げてみましょうか。

青山（青山）三枝吉、真木不二夫、藤本仙治、飯田豊吉、矢桐重八、豊田一狼、赤木恵介、市川国彦、白鳥大蔵、北園透一郎、松平荘司、南村蘭、ホー・ハンター、塔婆十郎、稲田乾二、影

村一鬼、若杉薫、早蕨亮太、鈴宮英樹、桃ゆたか、もっとあるはずですが、このぐらいしか思い出せない。

――それに現在の濡木痴夢男も加わるわけで、飯田さんが書かれた小説、読物、エッセイなどをトータルすれば、膨大な量になり、私としては飯田さんこそが戦後の量産作家として最前列に位置すると考えております。その飯田ワールドの総体はまだ明らかでないのですが、このようなインタビューがきっかけとなって、少しでも読者が増えてくれればと思っています。

さてその他にも『裏窓』などにしか登場していない作家たちもいますので、彼らにもふれておきたい。これも思い出せる限りで結構ですから、コメントして頂けませんか。

飯田　このリストにコメントを付していけばいいんだね。

――ええ、そうして下さい。

飯田　それでは始めてみましょう。

岩堀光――別名岩堀泰三で、カストリ雑誌に作品を発表し、『裏窓』に時代小説「偶奇坊主」など十編以上寄稿しているが、略歴は不明。

小田桐(切)爽――別名鳴滝三郎、殿村恵、海老沢七郎で、『裏窓』に「妖異死神旗本」など百五十編の小説を発表。「裏窓サロン」などのコラムも担当している。確か松竹の鈴木和夫のペンネーム。

黒木忍——須磨の大阪時代の知人で、それが縁となり、『裏窓』に「宝石呪縛」などのミステリーや「元禄乱れ小袖」などの時代小説を投稿。

佐藤達四郎——投稿作家で略歴不明。『裏窓』に時代小説「霧姫変化」など二十編近くを寄稿。寡作家だが、『サスペンスマガジン』になってからも投稿を続けている。

志摩不二——髪の毛をテーマにしたフェチシズム系の小説や読物を書く際、島本春雄が用いた筆名。「髪地獄」や「黒髪を織る兵隊」など、タイトルに髪がつく作品が多い。

南郷京助——別名北里英也。京都府在住の投稿作家で、海外を舞台とする小説を得意とし、『裏窓』の最初の掲載は「黒い鉄の扉」。

万里小路崑——別名潮一樹、安芸蒼太郎、岡鬼一。広島県在住の投稿作家であるが、他の作家と同様に略歴不明。『裏窓』には長編時代伝奇小説「天変三日月秘文」一挙掲載でデビュー。その後旺盛な執筆活動を展開し、様々なＳＭ雑誌に五百編以上を発表。

真野麗——ホモセクシャル研究の鹿火屋一彦の別名。『裏窓』には時代小説「元禄匍妄暦」など十作近くを発表。

光谷東穂《とうすい》——最も遅れてきた投稿作家で、『裏窓』には「ＦとＭとの生き残りで」でデビュー。その後『サスペンスマガジン』に大長編「妖の輪舞」を連載。

こんなところでしょうかね。これはこのインタビューをコーディネートしてくれた論創社の黒田さんの調べがあったので、このようにリストアップできたわけですが。

――この作家たちをこれまで紹介してきた手持ちの『裏窓』で確認しましたところ、全員確認しました。

飯田　この人たちの他にすでに話が出た松井籟子、三宅一朗、稲垣史生が常連で、須磨は円城寺達、高月大三などのペンネームを使って書き、私も多くのペンネームで毎月書きまくっていたことになるわけです。

――それに画家の人たちも絵物語の文章のほうも書き、これは後にうかがいますが、中川彩子も小説を書いていますから、『裏窓』においては誰もがいくつもの仕事をしていた。それがアブノーマル雑誌を成長させた原動力だったように思えます。

飯田　そのことを抜きにして『裏窓』を語れない。もちろん『奇譚クラブ』も同様ですが、それ以上に須磨と私だけでなく、執筆者や画家たちが同好の士として全力を挙げて協力してくれたから、売れ行きもよくなっていったことは間違いない。

第Ⅳ部

51　『マンハント』について

―― それからここで『裏窓』の話を少しばかり中断させてしまいますが、『マンハント』のことを聞かせて下さい。『裏窓』は一九五六年から六五年、『マンハント』は中田雅久を編集長とするハードボイルド専門誌で、五八年から六三年まで刊行されていたので、ちょうどまさに併走していた。

飯田　『マンハント』に、『裏窓』の広告を載せることはなかったけれど、『裏窓』にはずっと『マンハント』広告を掲載していた。

―― 五九、六〇年の号には表2に一ページで載っていて、「強烈なスリル。セクシイなムード。現代人の要求にピッタリした探偵雑誌！」などというキャッチコピーが付されていますが、アブノーマル雑誌としての『裏窓』のコンセプトとはまったく異なるとただちにわかります。だからその逆の広告掲載は成立しなかったことも理解できます。

飯田　雑誌のコンセプトがまったくちがうわけだから、この二誌がどうして同じ久保書店から出されているのか、疑問に思った読者も多かったはずで、まさか編集部も同じフロアにあり、隣り合っていたことを知っていた人は少なかったでしょう。

―― 確かにそうでしょうね。いくつかの広告には「翻訳スタッフ」の名前が挙げられていて、そのひとつのメンバーを示すと、稲葉由紀、井上一夫、久慈波之助、小寺元雄、田中小実昌、都筑道夫、山下諭一、沖山昌三、中田耕治、小宮蘭子とあります。

飯田　みんな懐かしい名前で、これらの他に野田開作、植草甚一、小鷹信光、片岡義男、紀田順一郎などもいて、『マンハント』編集部に原稿を持ってきていたから、こちらとも顔馴染みになり、『裏窓』の原稿も頼んだりしていた。

それに『マンハント』の表紙やイラストのメインが江渕晃夫だったこともあり、『裏窓』と執筆者や画家たちが一部ではあるにしても、共通していた。

それにしても江渕はその後どうなったのかな。私は彼の絵が大好きだった。媚びることのない純粋な画家だった。ところがいつの日か呼び出され、わずかな原稿料がほしくて描いていたのではないから、ここらで手を切り、本来の道に進むといわれた。それでは一念発起し、初志を貫徹して下さいと答えた。そうしたら、よくいってくれた、ありがとうといって、それで終わりになってしまった。

――ところで野田開作は色頁ライターとして著名ですが、『マンハント』ではその名前で書いていますが、手元にある『裏窓』にその名前は見当たり

ませんが。

飯田　野田開作にはかなり書いてもらいましたが、『裏窓』では匿名のコラムが多かったんじゃないかな。でもよく話しましたし、面白い人だった。須磨が描いた喜多や美濃村名義の絵を見るたびに、これはアメリカで一旗揚げられるから、ぜひそれを試みるべきだといっていた。須磨はそんな危ないことは嫌だよと逃げ回っていた。

――久保書店から『話のタネになる本』を出している野高一作も同一人物ですよね。

飯田　同じです。彼は最初『マンハント』に対して、『新青年』のようなイメージがあったので、久保書店の社長もしゃれたモダンな人かと思っていたが、その夢を無残に打ち砕くほどの俗物だったともらしていた。

――それはおかしい。

52　アブノーマル雑誌創刊理由

飯田　社長の久保藤吉にとって出版はお金儲けの手段でしかない。それでも『裏窓』を創刊するのはそんなに乗り気でなかった。『あまとりあ』は性科学というタテマエはあったけれど、アブノーマル雑誌といわれるに決まっているものを出すのは嫌だった。ところが『あまとりあ』に代わる雑誌はないし、何も出さなければ、会社もじり貧になってしまうことはわかっている。借金の問題もあったかもしれないけれど、それでしょうがないから『裏窓』をやることになった。

――久保書店は『あまとりあ』と高橋鐵が看板だし、雑誌出版社と考えてもいいから、その売上のかなりを占める『あまとりあ』を失ったことはひとつの危機でもあったと考えられる。

飯田 そういうことです。経営者の場合、アブノーマル雑誌を出すことはみんな嫌がる。色んな事情があって、しょうがないからやるんですよ。それは八〇年代にＳＭ雑誌の乱立があったけれど、だいたいがそうした事情を抱えていた。

――当時の出版業界の階級性からいっても、アブノーマル雑誌はエロ雑誌よりも見下され、そうしたものを刊行する出版社も同様だったでしょうから、経営者としてもそれなりの覚悟が必要だった。

飯田 やっぱり何を出しているかと問われて、人様に自慢できる雑誌ではないし、どちらかといえば、隠しておきたい。それに何よりも家族が嫌がりますから。

――それもよくわかります。

53 翻訳ミステリー雑誌三派鼎立時代

飯田 それで『裏窓』も売れるようになり、経営的にも安定してきた。そこに中田雅久ルートで『マンハント』の創刊企画が持ちこまれてきた。久保藤吉にしてみれば、アメリカ雑誌の日本版で、ミステリー雑誌だから、儲からないにしても、久保書店は『裏窓』だけでなく、こういうしゃれた高級なものも出しているというアリバイ的な意味も含まれていた。

――でもそれで早川書房の『エラリイ・クイーンズ・ミステリ・マガジン』、宝石社の『ヒッチコック・マガジン』、それに『マンハント』という英米文化や映画も含めた翻訳ミステリー雑誌の三派鼎立時代を迎えることになった。

飯田 だから野田のような人は『マンハント』も『新青年』の戦後的再現だと勘違いしてしまったんですよ。

――ところが久保藤吉を見て、それにようやく気づいたわけですね。

飯田 それはすぐわかりますから。

意外だったのは『マンハント』の常連執筆者の植草甚一さんが『裏窓』のファンで、この雑誌は面白いねえ、僕が『マンハント』に連載しなくなっても、『裏窓』は献本してねといっていた。神保町でもよく会ったし、遊びにおいでよとよく誘われたので、杉並の家にいったことがある。そうしたら八畳間に本がぎっしり積まれていて、座るところも少ししかない状態だった。植草さんこそ面白い人だった。

――でも植草のような隠れ読者は無数にいたんじゃないでしょうか。それこそ『奇譚クラブ』や『裏窓』の隠れ読者のリストでもできれば、戦後文化史の風景が変わってしまうかもしれない。西洋美術史は典型ですけど、アブノーマルなことが文化を支えてきたといえますから。

そういえば、『マンハント』にいた片岡義男にも『裏窓』にも書かせたと仄聞していますが。

飯田　ペンネームは松井六郎で、「クライマックスセル」などを書いている。ペンネームも私がつけている。

紀田順一郎さんも『マンハント』に書いていて、とても親しくしていた。彼は『裏窓』に書いていないけれども。

54　久保書店の旅行

――でも本当に面白い編集の時代があったものですね。

そのことに関連してうかがいたいのですが、久保書店の旅行の話です。これは『あまとりあ』の一九五一年六月号掲載の「あまとりあ祭顛末記」、及び中田雅久の「あまとりあ回顧録」(『あまとりあ傑作選』所収)で報告され、前者にはその写真も収録されている。また二十ページの記念写真帖も作成されたようです。

それらによれば、この旅行は『あまとりあ』三号目が無事に出された記念に行われたもので、久保書店社員、『あまとりあ』執筆者と誌友、取次など八十人が「あまとりあ祭」という幕をはった貸切バス二台で、下田の蓮台寺温泉に出かけています。顔ぶれは久保藤吉を始めとして、高橋鐵、伊藤晴雨、矢野目源一、三宅一朗、川上三太郎、岡田甫《はじめ》、池田文痴庵、正岡容、林家正楽、北里俊夫、南部僑一郎、武野藤介、小野常徳などで、もし事故があれば、日本性学界は全滅だと冗談混じりにいわれたと伝えられています。

ところがその旅行はメンバーを変え、ずっと続けられ、『裏窓』と『マンハント』の編集者や執筆者たちも揃って参加した。それこそそれらのメンバーはこれからのアブノーマルとミステリー業界を支えるべき顔ぶれで、とても興味深いメンバーだったのではないかと推測している。

飯田　私もいきましたよ。

——やっぱりそうですか。

飯田　私はいきたくなかったけど、社長命令だからしょうがない。どうしてかというと、高橋鐵を守る会みたいになっていたからです。まあ、高橋先生万歳！　なんてやるというから、そういうシーンを一度は覗いてみようかという気もありましたけど。

そうしたら愛読者も同行しているので、それらを集め、壇上に立ってご高説を延々と述べるわけです。ちょうど皇太子と美智子さんが結婚した頃で、自分が初夜の儀式を教えたというんです。警視庁につかまった時も、自分は皇太子に初夜の儀式を教えた男だ、それなのにこんなところに入れていいのか抗議した。そうしたら警察も態度を変えたとも。これらの言い方がものすごく俗っぽい。それでつくづく嫌になってしまった。

——でもそうした俗物的なところが久保と高橋が相通じるところだったのでしょうね。

それと後になって、いわば『あまとりあ』『裏窓』『マンハント』の関係者が一緒に久保書店の旅行にいったというのはとてもおかしい。

飯田　そういえば、色んな地方にいったわけですよ。それが町を歩いていると、たまたま書店が目に入る。すると須磨は関西の人だから愛想がいいし、腰も低いので、挨拶してくるという。私は仕事ではない娯楽のための社内旅行できているのだから、そこまですることはないと止めるのです。ところが須磨は『裏窓』を出している久保書店ですと、すでに店のおやじさんに話しかけている。

そのおやじさんが『裏窓』はよく売れているよ。でも売れているけれど、万引きも多い。恥ずかしいので買えない、それで黙って持っていってしまう。といって取次に頼んで部数を増やすのも気がとがめるので、直接取引してくれないかという。そういう声をかなり聞きましたよ。

――それは『奇譚クラブ』にしても『裏窓』にしても、売っている書店と売っていない書店がはっきり区別されていたことを示している。地方でも岩波書店の特約店で、教科書を扱っている老舗書店は売っていなくて、太洋社や中央社帳合の小さな書店、あるいは貸本屋系列の取次などが一生懸命に売っていたんじゃないでしょうか。

飯田　私もそれを一度聞いておけばよかったと後悔しているけれど、そうしたことを社長は一切教えてくれなかった。

55　広告のない雑誌

――あらためて『裏窓』をずっと参照していたわけですが、自社広告以外に広告というものは載っていない。それは『あまとりあ』『マンハント』も同様で、これは久保書店の雑誌が編集の才覚と内容だけで勝負し、入広《いりこう》にたよっていないことを物語っている。

現在の雑誌は、これは新聞にしても広告を前提にしているから、本当に大変なことだったのではないかと思ってしまう。もちろん時代もありますが、小出版社のマイナーな雑誌に広告を出す企業などはなかったことを反映しているのでしょうが。

飯田　私たちの手がける雑誌はそうした入広を当てにして出すものではないということが前提だったから、やはりひとえに内容と読者のことを考えるしかなかった。それは『マンハント』も同じだったと思いますよ。

ただ『マンハント』の関係者たちとの社員旅行の記憶はあまりなくて、エピソードが浮かんでこない。

56　久保書店の書籍出版

―― いや、いいですよ。『マンハント』は、こちらもまた多彩な編集者、執筆者、翻訳者に囲まれていたようなので、そこら辺のことが浮かび上がれば、さらに面白いかと思ったものですから。

それからこれもどのくらい点数が出されたのか不明なのですが、予想以外に久保書店も書籍点数を出していたことがそれらの自社広告からわかってきます。それも須磨が入社してから多くなっているような気がする。

飯田 久保藤吉は須磨を入社させたけれども、最初から『裏窓』のような雑誌を出させるつもりではなく、『かっぱ』の編集者兼書籍編集者としての力を期待したのではないかとも考えられる。先にいわれた松井籟子の『密夜』はあまとりあ社刊となっているが、装丁は喜多玲子だし、人脈からいっても須磨の企画としか思えない。

それにこれはＢ６判並製の本ですが、五七年五月初版で、すぐに重版している。これが彼女の最初の本であることを考えれば、好調な売れ行きだったんじゃないかしら。

―― いや、当時のこうした小説の流通販売に通じているわけではありませんが、即時重版ですから大変なものだと考えてしかるべきでしょうし、あまとりあ社の本は意外に人気があり、かなり売れていたと考えたほうがいいのかもしれない。

それに『密夜』の巻末広告には五十点近くの本が掲載され、それらは『あまとりあ』執筆者も混じっているけれども、著者やタイトルのつけ方から考えて、多くが須磨の企画のように見受けられる。

飯田　そうだね。稲垣史生『色競べおんな七景』、西尾富岳『近世毒婦伝』、座間五郎『艶説六文銭軍談』、神田越山『情艶おんな絵草紙』、座光寺龍『田之助色ざんげ』、花村香樹『情痴』などは角書も含め、須磨が企画編集した、もしくはペンネームで書いた可能性が高い。

――　『あまとりあ』の書籍広告を見ても、高橋鐵を中心にして、多くの関連書とその執筆者たちの本が出されているし、正岡容の『風流艶色寄席』という本を持っていますが、これは小新書判といった大きさで、平野威馬雄『おとなを寝かせるお伽噺』、北林透馬『レスビアンの娼婦』、藤田秀弥『熟れた真珠』、水谷準訳『奥様お耳をどうぞ』などが出ている。

飯田　これらは中田雅久のラインだろうね。

――　私もそう思います。発行者が中田になっていますし。

それから時代が少し下ると、六四年にこちらは新書判より少し大きい判型で、テディ・片岡の『もだん・めりけん珍本市』が刊行されている。アメリカのペーパーバックの風俗小説を勝手にアレンジし、パロディ化したもので、かつて『マンハント』に同タイトルで連載したものの続編とあります。

飯田　これは片岡義男だ。

57　野坂昭如のこと

――そうですよね。こちらも巻末広告を見ると、島本春雄、北園孝吉、宮本吉次、並木行夫、水上準也、九鬼紫郎などの捕物帖があり、これらは貸本市場向けの企画でしょう。それとテディ・片岡のような軽エッセイ集がいくつもあり、そこには野坂昭如の『現代野郎入門』もラインナップされている。

飯田　この時のエピソードをよく覚えています。これは何かの連載で、野坂の初めての本、処女作とされている。

この広告がずっと『裏窓』の目次裏広告に出されていたので、そのキャッチフレーズ「これがプレイボーイだ！」とともに記憶している。

――ちょっと気になり、野坂の自伝でもある『文壇』（文藝春秋）を読んでみますと、『マンハント』の雑文連載担当の杉山正樹が中央公論社の『週刊コウロン』時代からの短文をまとめて一冊にしないかといってきて、初版七千部が出されたとあります。この杉山は『マンハント』休刊後、朝日新聞社に入り、後に寺山修司の評伝を刊行している。

飯田　その人のことはちょっと記憶にないね。

野坂の本は買切印税でものすごく安かった。確か三、四万だったんじゃないかな、いくらあの時代でも安すぎた。それで気がとがめたのか、久保社長が音頭をとり、出版記念会をやろうということになった。

―― 久保書店でやったんですか。

飯田 いや、そうじゃなくて、大久保駅の近くのスーパーの二階のところだった。それで『裏窓』の関係者にも動員がかかったというか、色んな連中がやってきた。そうしたら主賓の場にいる野坂をさして、ねえ飯田さん、どうしてあそこに戸山一彦がいるのかと誰かが尋ねるわけですよ。

―― 戸山一彦というのは久保書店から出ている『狂い咲く女群』や『夜ごとの素肌』の著者のことですか。

飯田 そう、それが野坂昭如です。彼は『奇譚クラブ』に戸山一彦の名前で書いていた。これは野坂がまだ生きているから、いっては駄目かな。

―― もういいんじゃないですか。それで『夜ごとの肌』が須磨の装丁で出ているわけですね。

飯田 そこに森下小太郎がいた。アメリカからその手の写真を直輸入しているフェニックス商会という会社をやっていて、『裏窓』に色んな写真を売りにきていた。ところが久保社長は雑誌に載らないとお金を払わない人だから、須磨と私がポケットマネーでよく買っていた。

―― 彼についてはまた後でお聞きするつもりです。

飯田　そうなの。それはさておき、そんなわけで森下とも親しくなり、中野駅前の喫茶店なんかで色んな話をしたりしていた。そんな関係で、森下も出版記念会にきていた。そうしたら森下も戸山が野坂昭如だということを信じないんだ。どうしてかというと、戸山はずっと森下の上客で、いつも写真を持っていくと、いい値段で買ってくれていたし、それが野坂と同一人物とは思われないというわけです。

――　野坂は所謂文壇にデビューする前はその周辺にいて、ブルーフィルムの世話人みたいなことをやっていましたから、それがきっと戸山一彦時代とダブっている。

飯田　きっとそうでしょうね。その頃、野田開作などと色んな雑誌の色頁を担当していて、そちらの関係で野坂名義の処女作が久保書店から出たのでしょう。テディ・片岡や戸山一彦の他にも隠れ著者といったらいいのかな、そんな人たちはいっぱいいる。とにかく『裏窓』と『マンハント』編集部は隣り合っていますから、こちらにもくるし、あちらにもいく。こちらには田中小実昌、片岡義男、常盤新平、福岡正実、山下諭一などがきた。山下のことはユウちゃんて呼んでいた。

――　彼らは三一新書の著者にもなっていて、とにかく久保書店を中心にして色んなつながりができていく。

飯田　そういうことで、みんなつながりがあるんですよね。それで私も『マンハント』に書いているし、この中田雅久以下のメンバーが『えろちか』にも流れていく。

――『マンハント』での飯田さんのペンネームは何という名前ですか。
飯田　いや、それは忘れちゃったけど、『マンハント』では結構いい役をやっているはずですよ。

58　「裏窓叢書」と「SM選書」

――ここは『マンハント』に言及する場ではないので、これ以上ふれませんが、久保書店の書籍としても、『裏窓』と両方があり、それらの関係から多くの本が出ていたとわかります。久保書店の出版総目録でもあれば、その全体像が浮かび上がるのですが、残念なことにそれはない。『おとなの絵本』という目録は出ていますが。

でも飯田さんにしても、五八年の『地獄の乳房』を皮切りに、色んなペンネームで次々と本を出されている。

飯田　あまとりあ社名義で出た「裏窓叢書」のことですね。あれは確か十冊出ていて、そのうちの三冊は私が書いている。

――こんな機会を得たことですし、「裏窓叢書」をラインナップしてみます。これらはすべて書き下ろしで、B6判上製、装丁は喜多玲子が担当し、本文の組みも含め、とてもシックに仕上がっています。カッコ内は挿絵画家です。

1　飯田豊吉『狂異地獄肌』（中島喜美）
2　黒木忍『黒蛇呪縛』（山田彬弘）
3　藤見郁『地底の牢獄』（秋吉巒）
4　万里小路崑『残酷裸女絵巻』（豊田みのる）
5　万里小路崑『責め肌忍法』（古正英生）
6　塔婆十郎『地獄谷の女たち』（山田彬弘）
7　花巻京太郎『大利根柔肌草紙』（鬼頭暁）
8　九十九十郎『悪魔術の塔』（中川彩子）
9　潮一樹『妖奇まんだら秘帖』（小日向一夢）
10　南郷京助『海賊奴隷島』（中川彩子）

飯田　これはもはやいうまでもないけれど、1と3と6は私で、7の花巻京太郎は団鬼六、8の九十九十郎は千草忠夫、その他の4と5の万里小路崑と9の潮一樹は同一人物、黒木忍と南郷京助は前にもふれたけれど、『裏窓』の投稿作家です。

もちろん「裏窓叢書」は須磨の企画で、投稿作家の多くに書き下ろし長編を呼びかけたけれど、思うように集まらなかったので、私が三冊書き下ろすはめになったと記憶している。8は英文ペーパーバック収録の作品を意訳したものだったんじゃないかしら。それは後の『不適応者の群れ』も同様のはずです。

――私はこの中の『地底の牢獄』しか入手していませんし、これしか読んでいないのですが、飯田さんがすでに旺盛な執筆活動を展開し、毎月『裏窓』にいくつも寄稿するだけでなく、書き下ろし長編も楽々とこなしていたことに驚きます。

それからこの六〇年代前半の「裏窓叢書」に続いて、後半に同じくあまとりあ社から「SM選書」全十二巻が出ています。これは入手しておらず、股旅堂の古書目録で、全巻揃いを見ているだけですが、こちらもすべて美濃村晃装丁となっているし、飯田さんも書いているので、そのラインナップを挙げておきます。

1　岡鬼一『死の島作戦』（落合竜二）
2　八巻令『薔薇色の贄』（阿久津武）
3　金王丸『黒い花の群れ』（都築峯子）
4　青山三枝吉『夜のたわむれ』（写真・北岡好夫）

5　光谷東穂『めす犬の園』（山田彬弘）
6　小田桐爽『悪女狩り』（小日向一夢）
7　塔婆十郎『古城の幽鬼』（山田彬弘）
8　九十九十郎『野獣の時』（阿久津武）
9　南郷京助『砂漠の女奴隷』（山田彬弘）
10　光谷東穂『美貌の囚人』（都築峯子）
11　光谷東穂『魔性の館』（戸村吐夢）
12　岩崎旭『仇討非情暦』（小日向一夢）

ここでも飯田さんは4と7を受け持っています。6の小田切、9の南郷、12の岩崎については先にふれましたので、その他の作家に関して補足して頂けませんか。

飯田　1の岡鬼一は万里小路崑のペンネーム、2の八巻令は千草忠夫。3の金王丸は『サスペンスマガジン』の投稿作家、5と10、11の光谷東穂は『裏窓』の投稿作家で、最初は短編だったけれど、これらの長編を書き、『サスペンスマガジン』に『妖の輪舞』という大長編を連載していた。

――これらの作家たちはこの選書以外にもかなり多くの作品をＳＭ雑誌に発表しているわけですが、プロフィルはわからないのでしょうか。いわば、読み人知らずといった感じなんですか。

飯田　そう考えていいでしょう。経歴も不詳であるけれど、作品だけはきちんと定期的に送ってくる存在でしたね。『奇譚クラブ』における沼正三がその典型で、彼の場合はさらに住所などもカモフラージュしていたはずです。

――それは沼の場合、特殊な事情というものがありましたから。でも団鬼六はペンネームだけで、住所はそのままだったので、『奇譚クラブ』の吉田稔が訪ねていったと聞いていますが。

飯田　団鬼六はああいった人柄ですから、自分が作者であることを隠すつもりはあまりなかった。それにマニアではなかったので、マニア特有の警戒心や羞恥心は持っていなかったと思いますよ。

59　様々なSM小説シリーズ

――だから団はSM作家のスターになれたわけですね。

一方で、「裏窓叢書」「SM選書」に続いて、路書房からの飯田豊吉『鬼乳房伝奇』などの「SM双書」、第二書房ナイトブックスのSM官能恍惚小説『妖しい縄』などの藤見郁の「縄」シリーズ、三崎書房の『不適応者の群れ』などの「SM譚奇選書」、芳賀書店の矢桐重八『鬼女面地獄』などの「SM耽奇文学」といったものが続き、団の『花と蛇』も出る。そして都市出版社から沼正三の『家畜人ヤプー』がついに刊行され、ベストセラーになるわけです。

飯田　そこら辺の事情と経緯はこの「出版人に聞く」シリーズ10の内藤三津子さんの『薔薇十字社とその軌跡』に詳しいから、こちらもぜひ読んでほしい。

――そうですね。本当に出版人脈まで交差しているとよくわかるし、まったく内容を異にするように見える『血と薔薇』が『奇譚クラブ』や『裏窓』の近傍にあった事実も浮かび上がってきますから。

そうすると、『奇譚クラブ』『裏窓』『血と薔薇』の流れがあり、それに沿って、「裏窓叢書」「ＳＭ選書」、桃源社の澁澤龍彦訳『サド選集』の出版があり、『家畜人ヤプー』のベストセラーへとつながっていくわけです。ですからこれまでの出版文化史からすれば、澁澤、『サド選集』、『悪徳の栄え』（現代思潮社）とサド裁判、『血と薔薇』ということになるのだが、こちらはこちらで、『奇譚クラブ』と『裏窓』をめぐる発禁処分とＳＭ小説出版史はまったくパラレルではないかということもいえる。

しかも編集者としても作家としても、その中心には必ず須磨と飯田さんがいて、いつも重要な役割を担っていたことになる。

飯田　いや、あちらは文化人ですけど、私たちはアブノーマル人種にすぎませんから。

前に冠婚葬祭に呼ばれたことがないといいましたけど、例の緊美研の集会があって、外で会ったりするじゃないですか。それでこれからあそこまでいきましょうというと、私と一緒に歩くことを嫌がるんです。

――それは緊美研の会員になっている人たちもですか。

飯田 ええ、そうです。それでちょっと先にいって下さい、私は二十メートル後からいきますというのが習慣になってしまっている。平気で一緒に歩く人もいるにはいるが、圧倒的に少ない。とりわけ大学の教師などで東京に住んでいて、ちょっとでも顔を知られている連中は本当に嫌がる。外にいる時には話しかけないでといわれたこともある。私はそんなに有名じゃないから大丈夫だよといっても、いやいや、駄目です、どこの誰に見られているかわからないと。

――こんな時代になっても、まだかつての名残りを引きずり、人に知られてはいけない。カミングアウトしてもいけない。

飯田 『奇譚クラブ』や『裏窓』が出ていた時代には田舎にいる読者は地元の書店で買わず、汽車に乗って隣りの市の書店までわざわざ買いにいくという話をよく聞きましたが、こんな時代になっても、まだ秘密にしておきたいというのが本音なんでしょうね。

60 アブノーマル誌のコンセプト

――アブノーマル雑誌を形成するコンセプトのうちで、最もカミングアウトしてはいけないのが緊縛なんでしょうか。

飯田　アブノーマル雑誌の編集の根幹をなしていたのはサディズム、マゾヒズム、フェチシズムで、この三位一体が理想の雑誌だった。そのうちのサディズムと緊縛はマゾヒズムやフェチシズムと異なり、犯罪や虐待のイメージも強いから秘密にしておきたいということになるのかな。

――　ホモセクシャルというのはそれに入らないわけですか。

飯田　ホモとなると、それだけで一国一城というか、雑誌が成立してしまう。サディズム、マゾヒズム、フェチシズムに比べ、ホモの人たちは少数派だから、気持ちも熱いし、専門誌を絶対に買うので、雑誌も何とか食っていける。ところが彼らからすると、『裏窓』の場合はそれらが混じっているので、絶対に買わないいんですよ。

――　そこら辺の雑誌編集の匙加減はまったくわかりませんが、素人ながらに奥が深いんだと思います。つまり他の専門誌と同様に。

飯田　確かにアブノーマル雑誌も専門誌だからね。

――　そうしたいわば、アブノーマル専門誌『裏窓』黄金時代、『マンハント』との同居、それらを背景とする久保書店の出版活動の活発化の中で、執筆者の中心に他ならなかった飯田さんが久保書店に入社することになる。そこら辺の事情はどうなんでしょうか。

飯田　これも繰り返しになるけれど、『奇譚クラブ』の吉田稔が上京し、喫茶店で会った。そうしたら編集長を引き受けてくれないかの依頼があった。

私は真木不二夫名でマゾヒズム長編小説「黄色オラミ誕生」を連載していたが、返事は保留にしてもらった。

そのことを須磨に話すと、前からそう思っていたのだが、編集をやる気があるんだったら、久保書店にきて『裏窓』をやらないかといわれた。うちの会社はあまり金は出さないけれど、自由で呑気で居心地はいいし、あなたの好きなようにまかせる。僕は他に出したい雑誌もあるのでということだった。これも即答は避けた。

当時の私は小説や読物を書くだけで生活が成り立っていたし、その暮らしに満足を覚えていたので、毎日同じ通勤電車に乗って、同じ会社に通うことに気が進まなかった。

第Ⅴ部

61 『裏窓』編集長になる

――人が真似できないものすごい量を書いていたわけですから、生活が成り立っていくのは当然かもしれませんが、吉田と須磨の二人からほぼ同時にスカウトの声が上がったのは飯田さんの編集者としての才も見抜かれていたんじゃないですか。

飯田 それは私が名古屋で編集していたPR雑誌を二人とも見ていて、私が雑誌の編集技術を身に着けているとわかっていたからでしょう。それに二種類のPR雑誌はかなり先駆けていたものだったから、グラビアなども新鮮に映ったし、そういうセンスをアブノーマル雑誌にも反映させたら、誌面もリニューアルできるし、私にバトンタッチしたほうが面白いのではないかと吉田も須磨も考えたのではないかと推測しています。

――それで吉田のほうは断わり、須磨の申し出を受けることにした。

飯田 いや、それほど単純なかたちではないわけです。須磨にも少し考えさせてといっておいたし、彼もさらに強く誘うこともなかった。ところが『裏窓』の記事に、次号から私が編集長になるという旨が発表されてしまった。そしてそこには私のペンネームがずらりと並べられ、これらのすべてが私一人のペンネームであり、読者の好みに通暁している新編集長の登場とまで書かれていた。

――つまり社告のようなものとして出されてしまったわけですか。

飯田　そういうことですね。私はまだはっきり返事をしていないのに、すでに社告というか決定事項として発表されてしまった。そうなると引き受けるしかないわけで、新たな編集長とされてしまった。でもそのような須磨の処置にそれほど腹を立てた覚えもないので、彼とき関係が深くなっていたこと、私の性格を知っていて、黙って背中を押すべきだと考え、あえてそうしたのだとわかっていたからでしょうね。

――それで『奇譚クラブ』のほうは断わるしかなかった。

飯田　そればかりか、『裏窓』の編集で忙しくなり、「黄色オラミ誕生」の連載も中止せざるをえなかった。そうしたら沼正三から便りが届き、忙しいのは誰も同じだから続けて下さいと書かれていた。

――これは中絶してしまったのですか。

飯田　その後書き継げず単行本にもなっていない。それは本当に心残りです。

62　『抒情文芸』と『灯』

――それは残念ですね。もし完成していれば、『花と蛇』『家畜人ヤプー』と並ぶ『奇譚クラブ』の記念すべき長編小説となったかもしれませんから。でもその一方で、須磨は新しい雑誌の創刊を準備しつつあった。

飯田　そう、それも『抒情文芸』という少女向けの感傷的文芸誌なんです。これは病的なくらいに感情過多な小説、自虐的な告白文の投稿掲載からなる月刊誌で、須磨にいわせると、その本質はアブノーマル雑誌と変わらない。

――とすれば、『抒情文芸』は少女向けアブノーマル雑誌ということになる。また逆にいえば、『奇譚クラブ』や『裏窓』はマニアのための抒情雑誌ともなりますね。

飯田　だから私は『裏窓』を耽美文芸誌だとも考えていた。

――『灯《ともしび》』（後に『抒情文芸』から改題）は創刊二号の一九六三年三月号しか見ていませんが、表紙は美濃村晃で、内容は詩を中心とする文芸雑誌といった感じですね。詩人の関根弘、竹内てるよ、嶋岡晨などに加え、川内康範も詩を寄せている。

飯田　そういえば思い出しましたよ。嶋岡が久保書店にきたことがある。『裏窓』と『灯』の編集は隣り合わせでやっていたわけだから、誰かが訪ねてきても、話の内容までわかってしまう。

私は少年時代に詩人をめざしていたことがあり、嶋岡のことは知っていたけれど、あまりに俗物的な印象があって、本当にがっかりしたことを覚えている。それは嶋岡が悪いんじゃなくて、少年だから詩人を聖化していたからなんです。でも久保書店の仕事をするのはお金目当てということがあるから、どうしても俗物的に映ってしまう。それで詩人だってみんな俗物的なところもあるのだと学びました。

川内康範にも会ったことがある。須磨は一見すると、豪快な顔をしているんだけど、本当は繊細な人で、ちょっとした有名人に会う時は同行者がいるほうを好んだ。それで一緒にいったところ、須磨がサービスのつもりで持っていった春画の写真を、川内は全部ほしいといって、みんなとってしまった。その時とても下品な感じがした。

―― でも俗物とか下品さというのもブランドですから。

飯田　本当はそうなんです。それは高橋鐵や久保藤吉にも当てはまる。

63　詩人としての飯田

―― これは今までふれてきませんでしたが、戦後の一時期「細胞」であると同時に、飯田さんは詩人でもあった。『列島』第四号の「新鋭サークル詩人集」にも黒田喜夫と並んで、「小さな闘いの歌」という詩が掲載されている。飯田さんの知られざる一面です。

『列島』は一九五〇年前半に出されていた詩雑誌で、戦後全国各地の職場や地域において、広範に簇生したサークル詩運動の展開と実績をふまえ、これを質量とともに発展飛躍させようとする目標を掲げ、専門詩人とサークル詩人との緊密な結合をめざして出された。編集委員は関根弘、木島始など多数に及びます。

飯田　そこまで調べられていると、何とも申し開きが立たないね。

実は太平洋戦争下の少年時代に病的に暗くのめりこんだセンチメンタルな詩ばかり書いていた。要するに戦争のような荒々しいことが嫌いで、軟弱きわまる非愛国少年だった。そうした十六歳の私が工場動員され、ポスターを描き、芝居に関係するようになる。私の周囲にいる女性は全員年上で、彼女たちにかたっぱしから恋をした。

もちろん女性の美しさを憧憬するだけで、手も足も出せない臆病で多感な少年だったから、空想の中の恋に苦悩し、甘ったるいセンチメンタルな詩をノートに書いた。それも毎晩書き、夜は詩を書くことだけで過ごした。ひたむきにせつなく年上の女性たちに恋慕する自虐癖のある少年の観念的な狂おしい言葉からなるノートが三冊にも及んでしまった。

――　それが戦後を迎え、共産党に接近し、「細胞」としてサークル詩的なものへと転化するわけですね。

飯田　それだけでなく、『奇譚クラブ』や『裏窓』に山ほど書いた告白体験記の原稿は工場寮で書いた恋の詩が原点となっている。

その話を須磨にしたら、ノートを見せてくれという。それで彼に読ませたら、『灯』に使わせてよ、そのまま使えるし、『裏窓』にも使えるよといわれた。確かに底辺に流れているものは同質で、須磨の言葉はあらためて本当だと思い知らされた。

――　その須磨の言葉なんですが、「編集後記」のところに、「はじめは、暗くみじめだった自分自身の心の中に、せめてもの光りを見いだすためにつけた〝ともしび〟だったのです。こんな雑誌を作ってみたいというのが年来の念願でした」と記されている。それから次のような言葉が続いている。

＊本誌は、清純な香気にみちた抒情文芸を、あなたの心の友として捧げる雑誌です。
＊だれもが一度は経験する青春の、微妙におののく繊細な美しい感情とその周辺の世界を、本誌の行間からくみとっていただければ幸いです。
＊うら若い人たちに夢とあこがれを、青春を謳歌する人たちに哀愁とロマンスの陰影を、若き日をなつかしむ人たちと追憶のよすがを……あなたの心に旅をさせてください。

奥付の編集人須磨利之という名前を見なければ、かつての『奇譚クラブ』や『裏窓』の編集長が書いたとは誰も思わないでしょう。

64　須磨と第二氷川丸の謎

飯田　それだけでなく、須磨が『週刊サンケイ』に書いた第二氷川丸の謎に関するノンフィクションを知っていますか。

――ええ、『週刊サンケイ』七〇年十二月七日号に載った「錫100億円を積んで日本海に眠る第2氷川丸の謎」ですね。

飯田　この第二氷川丸に須磨は四五年の二月から八月十六日まで乗船していて、終戦とともに海軍の手で沈められたのだが、それにはこの船が南方の特攻病院船で、これに南方から運んだ百億円の錫が積みこまれていたという事情が絡んでいた。ところがあるサルベージ会社がそれを引き揚げる話が持ち上がっている。確かそんな内容だった。

――そうです。そこには「元乗組員・海軍上等衛生兵曹」として制服姿の須磨の写真も掲載されている。また大正九年京都生まれ、旧制中学卒業後、昭和十五年志願兵として海軍に入り、十七年ジャワ島作戦に参加、スラバヤ、バタビアに進駐、二十年第二氷川丸に乗船、一病室々長兼手術室々長という略歴も紹介されている。

飯田　須磨という人はサービス精神が旺盛だし、人を喜ばせることが好きだから、『灯』的なことや海軍体験のことは語らず、創作というか、どこまで本当なのかわからない話ばかりしていた。

――これはもちろんほめ言葉なんですが、嘘ばかりついていたということになりますか。

飯田　そういっていいんじゃないかな。アブノーマルに目覚めたのは未亡人の母親が土蔵で縛られていたのを見てからとか、南方諸島で連合軍の捕虜になり、女兵士に蹂躙されたからだとよくいっていましたけど、それらも創作じゃないかと思う。私は須磨に戦時中の体験を話し、詩のノートも見せ、ある程度アブノーマルな性向のよってきたるべきところをカミングアウトしているけれど、須磨のそれはあまり明確ではない。それにとても愛妻家だったし。ただいえるのは妄想力と想像力が突出していて、それが仕事にダイレクトに反映していたんじゃないか。それは近くで一緒に仕事をしていてよくわかった。すぐに妄想の世界に入ることができる体質だった。

――それは飯田さんも同じではないですか。

65　天性の役者と編集者

飯田　まあ、それはいえるけれど。

ただ須磨がいつもいっていたことがあって、それは役者でアブノーマル性がない者は駄目だと。役者というものは色んな人間を演じなければならないが、アブノーマルな資質を持っていなければ、それは不可能だといっていた。私もそう思います。映画を観ていても、アブノーマルな気配はすぐにわかるし、それは演技の入れ込み方がちがうし、画面にも出てしまう。

歌舞伎なんてその典型でしょう。ちょっと前に見た芝居で、父親が少年役、自分の男の子どもがよその年上の女房役を務め、少年がその女房を犯すというものだった。もうちょっと説明できないくらいアブノーマルな構図になっている。

――バイセクシャルとかいう問題すらも超えてしまう。
飯田 それは役の上でそういう役を務めていることにはなるが、一歩裏側に入る思いがないと、立派な役者にはなれない。
――つまり須磨は編集者として、また作家や絵師としても、そのような役を演じていたということですか。
飯田 そう考えていいでしょうね。それが須磨の天才といったところで、私が及び難いと思うところです。
――飯田さんが『「奇譚クラブ」の絵師たち』の中で語っている須磨と女弟子のパフォーマンス、同じく喜多玲子に扮した須磨と松井籟子の襖ごしのSM遊戯にそれがよく表われていると思います。
飯田 あの二つの場面は今でもよく覚えているし、須磨が私に啓示してくれたアブノーマルシーンの傑作でしょうね。
――でも飯田さんも天性の役者だと思いますよ。須磨と女弟子のパフォーマンスに参加して、初めて女体を縛るわけですが、いきなり形よく縛ることができたのですから。それを読んで、不器用な私にしてみれば、飯田さんは絶対音感ならぬ絶対緊縛感の持主ではないかと冗談でなく思いましたから。
飯田 絶対緊縛感というのはいいね。それが三十歳の時だから、もう六千人以上の女を縛ってきたことになる。それで縛り方のテクニックをどこで、どうやって覚えたのかという質問を何十回となく受けてきた。それで母親の体内から生まれ出た時に、手に縄の束を握っていたからだと答えていた。

――市川雷蔵の『ひとり狼』という映画に博打の才を問われ、俺は手に骰子を握って生まれたからだと答える場面がありましたけど。そのセリフをもじっているのですね。

飯田　よくわかったね。でもこれからは絶対緊縛感を持っているからだと答えることにしよう。

66 『裏窓』のリニューアル

――さて『裏窓』のほうに話を戻しますと、飯田さんが編集長になる前に表紙、製本がリニューアルされ、これまでの束のある角背から中綴じの丸背に変わっている。須磨はこのリニューアルに関し、『裏窓』も創刊から五年過ぎたので、思い切って新装し、新風を吹きこみ、再出発するといっています。

これは前にもふれましたが、私が中学生の頃見て印象に残っているのはこの丸背判のほうで、角背の堂昌一のイラストの表紙の『裏窓』ではない。それと確認するまで誤解していたのですが、このリニューアルも飯田さんが手がけたとばかり思いこんでいた。センスが異なっている

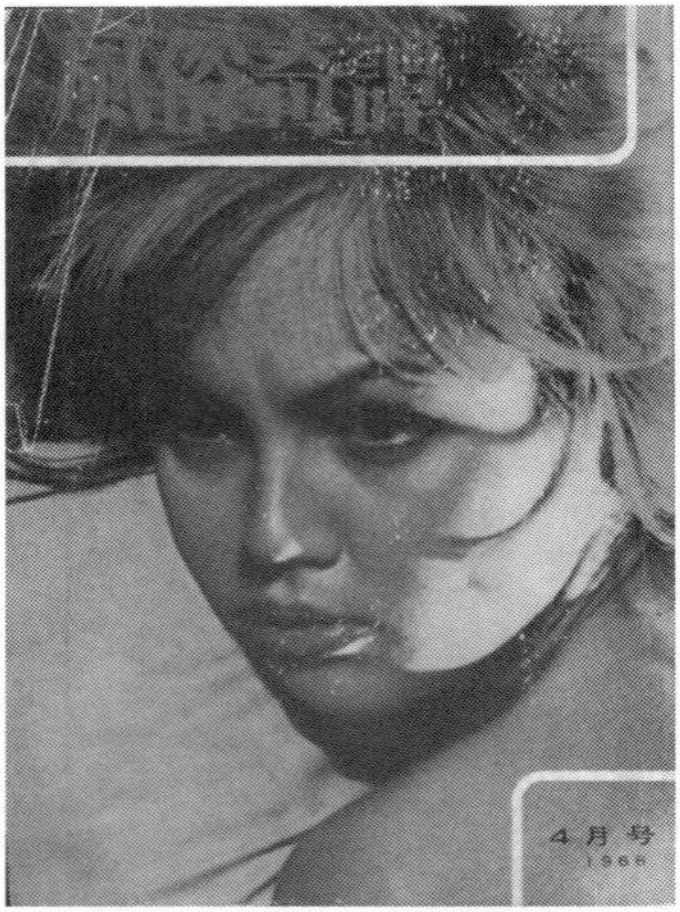

し、飯田美学みたいなものを感じていたからです。それを『エラリイ・クイーンズ・ミステリ・マガジン』や『マンハント』や『ヒッチコック・マガジン』の影響もあるのかなとも考えていた。

飯田　このリニューアルは須磨が手がけ、私がそれを引き継ぎ、仕上げたことになるのかな。ご存知のように、それまでの『裏窓』は講談雑誌系のイメージと大衆文芸誌の匂いを残していた。ところがリニューアルにしてから、所謂ＳＭ基調を前面に出すことになってしまった。

――　それはものすごくよくわかります。

飯田　これは初めて話すことですけど、六〇年に『風俗奇譚』がＳＭ雑誌として創刊されたことがきっかけです。須磨はその表紙、装丁、内容を見て、これに遅れてはならじと考え、リニューアルに踏み切ったわけです。

――　アブノーマル雑誌のせめぎ合いが起きていた。

飯田　そう、せめぎ合いなんです。

――　後に三大ＳＭ雑誌とよばれるようになるわけですが、『奇譚クラブ』『裏窓』『風俗奇譚』の三派鼎立時代を迎えていた。それが『裏窓』のリニューアルの原因で、ミステリ誌の影響ではなかった。

飯田 隣が『マンハント』編集部だったから、まったく影響を受けていなかったとはいえないけれど、主たる要因は『風俗奇譚』が創刊されたことですね。

ライヴァル誌として『奇譚クラブ』はあったけれど、大阪で発行されていたし、手の内もわかっていたので、共存する関係、もしくは棲み分けているとみなしていた。

ところが『風俗奇譚』は同じ東京から出された。しかも発行所は文献資料刊行会となっていた。どうしてそれを覚えているかというと、『風俗奇譚』創刊号を手にした久保社長が、こういう雑誌を出す版元は似たような名前をつける、前にも文芸資料研究会というのがあったと嘆くようにいったからです。

―― 文藝資料研究会というのは昭和初期の梅原北明派のポルノグラフィ出版社のひとつですね。ということは久保社長からも『風俗奇譚』に負けないようにとの要請もあった。

飯田 それも大いにある。『裏窓』はよく売れていたし、マニアはそう考えないのだが、素人目には浸食されるんじゃないかと思ったことも事実でしょう。内容からして、私は『風俗奇譚』を脅威と思わなかったし、『裏窓』に書いていた作家たちも同様で、逆にリニューアルをすごく心配し、反対した。今までどおりでいいんじゃないかと。

ところが経営者を含めて、『風俗奇譚』がSMを旗印にしているんだから、『裏窓』をそうしないとまずいんじゃないかという声も上がり、それでリニューアルに踏み切ったというのが真相です。これはあまり名誉とすべきエピソードではないので、本当に初めて話すのですが。

——それで結果として、『裏窓』の読者が減ったということはなかったわけですよね。

飯田 それはなかった。でも経営者や編集長の立場からすれば、売れている雑誌でもいつか売れなくなるという思いは強くあったでしょうから、リニューアルも時代の要請だったことにもなる。

67 高倉一と風俗資料館

——この『風俗奇譚』の元編集長へのインタビューが早乙女宏美の『性の仕事師たち』（河出文庫）に「風俗資料の宝庫を支える、高倉一」として収録されています。

飯田 ええ、私も「緊縛師、濡木痴夢男」として出てくる本ですね。高倉さんは神楽坂に風俗資料館を設立した人でもあり、そこにはそれこそ三大SM雑誌から始まって、一万冊以上に及ぶそれらの様々な雑誌などを収集し、会員制図書室となっていて、私もよく利用しているし、三代目館長の中原るつさんにもお世話になっている。

——風俗資料館は貴重なアーカイブですし、『裏窓』の目次明細もホームページで公開している。また中原さんは濡木痴夢男『緊縛★命あるかぎり』（河出文庫）の解説も書かれていますね。

飯田　彼女は私のことをよく知っていて、本人よりも詳しいし、私も資料を預けるようにしていますので、二代目の時代は開店休業状態だったが、彼女が三代目になって、リバイバルさせてくれたので、有難いことだと思っている。

――ところで高倉のインタビューや紹介されている略歴も興味深いので、ちょっと要約しておきます。

高倉は大正生まれの文学青年で、一九四九年に『夫婦生活』編集者から始め、以後『風俗奇譚』『ヤングマン』『小説女性』『小説アサヒ』の創刊に携わり、八四年に風俗資料館開館とあります。『風俗奇譚』については『奇譚クラブ』のような雑誌をとの依頼を受けたが、ＳＭのことはほとんど知らなかったし、コネもなかったので、図書館で調べ、古いものを再録したり、自分で書いたりしていた。ただあの当時はＳＭ雑誌というだけで注目され、徐々に原稿が集まり出した。でも『奇譚クラブ』や『裏窓』の編集者がマニアだったことに比べ、自分はそうではないので、バラエティに富む百貨店的な編集を心がけたと語っています。

68　文献資料研究会と日正堂

飯田　『風俗奇譚』の編集は高倉の文献資料研究会だったけれど、発売元は日正堂だった。

――特価本業界の出版社ですね。

飯田　そうでしょうね。神保町のすずらん通りの裏側にあった。ちょうど夏目漱石、芥川龍之介、森鷗外などの版権が切れた時で、日正堂はそれらを廉価本で出し、儲けていた。それでSM雑誌にも目をつけ、『風俗奇譚』を創刊したわけです。

――　SM雑誌だけでなく、ポルノグラフィの出版は色々と入り組んでいて、金融や人脈も複雑に絡んでいる。『風俗草紙』もそうでしたが。

飯田　ここら辺のことは本当にわからないですね。

でも漱石などの廉価本の粗雑な扱いは見ていて悲しくなりました。私などが少年時代に愛読した彼らの本が見るからに安く出せば売れるぞみたいな感じで積まれていた光景を思い出しますよ。特価本業界のさもしさみたいな感じがして、その後『風俗奇譚』に書き、原稿料ももらいましたが、版元や編集者も含めてあまり好きになれなかった。

――　その『風俗奇譚』の一九六六年四月号を一冊だけ入手していますが、確かにアブノーマル百貨店的編集で、それに加え、この号は特にホモセクシャルに半分くらいが割かれている。

飯田　所謂SMマニアを集めることはなかったので、この頃はホモセクシャル専門になっていた。

――　でも『裏窓』の執筆者たちもかなり書いている。

飯田　創刊が一九六〇年ですからね。それは私も書いているし、それに『裏窓』も休刊になってしまったので、この時代には『風俗奇譚』にも色んな人たちが書き、また描くようになったけれど、編集長がアブノーマルに対する理解がまったくないので、長続きしなかった。だからホモとか女装の雑誌の色彩が強くなっていた。

――百貨店から専門店への移行みたいな感じですか。

飯田 それが難しいところで、ホモでも愛情や理解があればちがうのですが、商売だけの編集だと続かない。ただ『風俗奇譚』のそうした傾向もあって、『裏窓』も最後の頃はホモを扱わなくなっていました。

――それで一九七一年に第二書房から『薔薇族』が創刊されるという流れにいたるわけですね。

飯田 そうです。第二書房とも私の「縄」シリーズを出していたこともあって、事情もよく知っている。

69 六三年の『裏窓』

――やはりね。

ところで『裏窓』のほうなんですが、飯田さんが編集長になった翌年の六三年の一年分を入手していますので、それらについてお聞かせ下さい。

まず全体の印象からするとものすごく垢抜けた感じになっている。表紙とTHE JAPAN'S

MOST REMARKABLE S-M MAGAZINEと入り、一月号の表紙はアラビア風の下着をまとい、顔の下半分に赤いレースを巻いている女性を配置していて、かつての講談、大衆文芸的な感じはまったくなく、別の雑誌といっていいほど変わってしまっている。

飯田 英語表記を入れたのはリニューアルしてからで、少し高級な文芸誌みたいな雰囲気を醸し出している。

グラビアも増え、須磨が粋古堂から購入した伊藤晴雨の写真、森下小太郎のフェニックス商会の海外の緊縛写真なども収録するようになった。そうした意味では以前よりもＳＭが前面に出るようになったといえる。

でも六三年の場合は前年の八月号が警視庁にわいせつ罪容疑で摘発されていたので、表紙を含めて細心の注意を払っていた。だからこの年は写真、イラスト、小説に至るまで、否応なく自粛を迫られたりした。それがまず表紙に反映されているんじゃないかな。

―― そういえば、十二月号の表紙には山の岩にうつぶせになっている女性のヌードの小さな写真が載っているだけですから、それが自粛の反映なんですね。

飯田 他にものすごく気を遣って削除もしたはずだけど、ちょっとそれはわからないだろうし、私もそこまでは覚えていない。

―― でも一月号から見ていくと、それで写真ページが地味になっているという気がしますが、挿絵や絵物語がとても充実していて、こういう言い方をすると失礼ですが、画家たちがかつ

THE JAPAN'S MOST REMARKABLE S-M MAGAZINE
裏窓
1月号

THE JAPAN'S MOST REMARKABLE S-M MAGAZINE
裏窓
5月号

THE JAPAN'S MOST REMARKABLE S-M MAGAZINE
裏窓
10月号

THE JAPAN'S MOST REMARKABLE S-M MAGAZINE
裏窓
12月号

てよりとてもうまくなっている。
秋吉巒は別人のように練達となり、それから中川彩子の活躍ぶりは本当に目を引く。九十九十郎の「クリスマス・イヴに悪魔がくる」、松平荘司の「ハレ《ママ》ウィンの歌う首」の挿絵を描き、後者は「世界伝説絵物語」だから絵が占めるスペースは半分以上で、とても迫力がある。
中川彩子の絵物語は好評で、その後も作者を変え、ずっと続いていた。ただ松平荘司の「世界伝説絵物語」シリーズは絵がこっていて、それは私のペンネームでもあるのです。

——ああ、そうなんですか。すると一月号に北園透一郎の「売られていく玩具たち」という小説、矢桐重八の「裏窓ショート小説」もあるから、これも飯田さんだ。それからコラムの藤見郁の「裏窓ちゃんねる」などもそうでしょうから、編集長になっても同じように書いていたことになる。

飯田　それはずっと変わらない習慣のようになっていたからね。

70　中川彩子のこと

——ちょうどその「裏窓ちゃんねる」に中川彩子画伯は絵物語と挿絵で、本誌数万の読者を魅了していて、多忙な身だが、先日思いがけずに新宿の喫茶店でゆっくり話を聞けることができ、絵物語を描く時はアトリエのモデルにそのとおりのポーズをさせ、長い時間、縄も使って固

定させるという創作上の秘密ももらされたとの話が記されている。

飯田 それは確かに私が書いている。新宿の喫茶店というのは洋菓子店ボンの二階の喫茶店か、三越裏の白十字で、中川彩子を始めとする寄稿者たちとよく会った。

―― 飯田さんの『「奇譚クラブ」の絵師たち』に「拷問画の鬼才」と題する章があり、それは中川彩子の回想になっていて、長いものではないにしても、とても印象的な中川彩子のプロフィルを浮かび上がらせています。

飯田 マニアの読者にとって、責め絵や縛り絵の画家として最も印象に残っているのは、『奇譚クラブ』では喜多玲子、『裏窓』では中川彩子でしょうね。中川も男で、藤野一友というシュールリアリスム系の画家にしてマニアだった。縛られ拷問され、苦痛と恐怖の中にある白人女性を描くことが好きでたまらなかったし、私たち二人の話は画家と編集者というよりも、マニア同士のものになってしまい、会えばいつも二、三時間はしゃべっていた。

中川は白人女性渇仰マニアで、実際にモデルとしても使い、彼女たちを讃美し、渇仰しているわけだから、マゾヒストとしてひれ伏す絵を描くほうがふさわしいはずなのに、マニア世界にあってそれは逆で、絵の中では白人美女を拷問するサディズムとなって表われる。神々しく美しいからこそいじめるという不条理です。

―― それがまた耽美文芸の王道でもある。

飯田 そのとおりです。それをマニア読者はわかっているゆえに中川彩子は絶大な人気があった。

―― 幸いなことに二〇〇二年に『藤野一友＝中川彩子作品集　天使の緊縛』（河出書房新社）が出され、『裏窓』の絵も含め、その特異な世界をうかがうことができる。

飯田 あの作品集が出てとてもよかったと思っている。その少し前に『illusion 幻想画家　秋吉巒の世界』（文芸社）も刊行されているし、同じ頃『裏窓』の画家の作品集が続けて出され、感慨深いものがありました。

―― 『天使の緊縛』所収の「略年譜」で、演劇や三島由紀夫との関係なども明らかになっていますが、中川＝藤野は私がたまたま使っている角川書店の『漢和中辞典』の編者の一人藤野岩友の息子ですよね。

飯田　いや、それは知らない。でも一友の名付け親が折口信夫だと聞いている。何か折口の日記に何月何日藤野家に長男生まれ、一友と名付くとあるそうです。

――じゃあ、間違いない。

それと私は諸星大二郎のコミックに出てくる女性の顔が中川の絵と似ているように思え、諸星も中川の影響を受けているんじゃないかと想像したりしている。

飯田　それで思い出しましたが、彼のすぐ下に藤野級井《しない》さんという妹がいて、彼女は兄とそっくりの絵を描く。そんなに兄さんとそっくりな絵ばかり描いたら損だよといったことがありますが、彼女は兄の絵に魅入られたというか、惚れこんでしまった結果でしょうね。

――それでわかりました。「略年譜」にいくつかの藤井一友個展が妹の級井の作品の個展だったらしきことが付されています。つまり兄とそっくりの絵だったので、兄の個展と称し、自分の個展を開いたことになる。

飯田　確かにそうしてもわからないほどそっくりでしたよ。

――中川＝藤野は若くして倒れ、八〇年代に亡くなっていますが、藤野名にしても中川名にしても多くの影響を残しているようにも見受けられるし、『裏窓』の「世界絵物語」の飯田さんと中川コンビの作品が出されていないのが残念でなりません。優に一冊の分量はあるし、絵も他の小説の挿絵よりもずっと緻密で迫力にあふれている。

飯田　私もそれを残念に思っている。中川は春川光彦のペンネームで、小説も書き、『裏窓』

にも七、八編掲載されている。ペンネームは私がつけたもので、従来のSM小説とちがった硬質な残酷さがあり、面白かった。これらも一緒にまとめれば、またちがう視点から中川を再評価することになるかもしれない。

―― 六三年分ですと、十二月号に春川光彦と中川の絵物語「鞭のニコラス」、九月号に同じ「魔女アクーリカ」、四月号に小説「舞踏会の贄」、二月号に「島原の子守唄」、三月号に同じく「犬とギブスと搾衣」、八月号に「フィギュア・トレーニング」が掲載されている。だから六三年の『裏窓』で中川と春川がいかに活躍したかわかる。飯田さんのインタビュー本が売れましたら、ぜひその企画も実現するように進めたいと思います。

飯田　本当にそれを期待したいね。

71　山田彬弘、小日向一夢、中島喜美、鬼頭暁、古正英生

―― それから中川の他に画家のほうですが、山田彬弘、小日向一夢、秋吉巒、鬼頭暁、中島喜美、江渕晃夫もそれぞれ各号に「妖美画集」「耽美画集」が収録されている。これらも一冊にすれば、六〇年代『裏窓』のイコノロジーになるかもしれません。

また金井行雄と吉田久のモノクロ写真もすばらしく、まさに陰影に富んだアブノーマルな世界を想像させるようで、こちらも一冊の写真集を編みたくなるほどです。

これらの絵と写真だけ見ても、『裏窓』のリニューアルは飯田さんが編集長となることで、一段とグレードアップしたといっていい。

この際ですから、画家のことだけでもふれて頂けませんか。

―― 江渕晃夫のことは前にいったと思うから山田彬弘のことからいくと、彼は二流どころの倶楽部雑誌にいっぱい描いていた。竹下通りのぼろぼろの木造アパートの二階に住んでいた。中国からの戦地帰りで、奥さんがとてもいい人で、私がいくと、あそこの角の店のお肉がとてもおいしいから食べにいきましょうと誘われ、よくご馳走になった。そうしたら持参した原稿料よりも肉ほうが高いんで、すいませんと謝ったこともある。

―― のどかな時代でしたね。

飯田 本当にのどかな時代だったし、絵描きさんはみんな純粋で、いい人が多かった。それに比べると、作家のほうはあまり性格がよくないといえる。

それから小日向一夢は木俣清史といって一流で、講談社の絵本なんかも描いている。秋吉巒はカストリ雑誌『デカメロン』の表紙から始めたんで、私は彼が戦後初めて描いた女性とトランクの線画のイラストを預かっていたことがあった。それは確かカストリ雑誌『オーケー』の表紙になっています。信じられないかもしれないが、岩田専太郎風で当時のイラストはみんな岩田調だったことがわかる。彼も早く亡くなり、生前に藤野一友との二人展が企画されていたが、それは実現せず、死後遺作展がそれぞれ銀座の青木画廊で開かれたと聞いています。

中島喜美はきよしと読むんです。彼は日本画家で、小田急沿線の狛江に住んでいて、新宿の同じ喫茶店でよくあった。女性を繊細艶麗に描くだけあって、奥さんはとてもきれいで、いつも和服を着ていた。

鬼頭暁は女流作家の佐藤愛子たちと仲がよかった。それは彼が中山あい子の弟だったからで、何かの時に姉に会ったら、うちの弟に気持ちの悪い絵ばかり描かせているのはあなたなのといわれたことがある。姉は亡くなってしまったけど、弟のほうはまだ生きている。

――古正英生もいましたね。

飯田　この人はやたらに描きまくっていた。本人も一流じゃなかったから、所謂二、三流雑誌にものすごく描いた。また仕事が早いので、依頼した翌日に持ってくる。家もどこか知らなかったけれど、とても人柄いいおじさんに見えた。ところが須磨にいわせると、古正さんがきたら一緒に歩かないほうがいいぞ、お尻をやたらなでられるからとされる人物だったようです。まあ、絵描きさんにそういう人が多かったこともあり、驚きもしませんでしたが。

72　椋陽児、沖渉二、鹿野はるお

――その他にも後に劇画家となる椋陽児や沖渉二もいる。

飯田　椋は久保書店の社員で、イラストも小説も兼ねていたし、彼は須磨が入れたのだが、私

たち三人は何でもこなせたので、それが『裏窓』の編集の特色でもあった。

――二〇〇一年に椋陽児が亡くなり、その追悼作品集として『幻のハーレム』（ソフトマジック）が編まれ、そこに飯田さんも「椋陽児の青春」というエッセイを寄せています。

飯田　三人で机を並べて仕事をしていた時代のことですね。『裏窓』の仕事をするかたわらで、私たちと椋の奥さんの夢子夫人の四人でよく遊んだものでした。椋の絵のモデルはすべてこの夫人だった。

――沖渉二のほうも椋と同じ出版社の同じシリーズで、しかも美濃村晃原作の『お銀受難旅』を出している。

飯田　沖も大阪出身の画家で、カストリ雑誌の元編集長の紹介で『裏窓』編集部を訪ね、それで須磨と親しくなり、イラストの仕事をするようになった。でも彼の奥さんは東中野で洋品店をやってい

て、髪結いの亭主みたいなところがあった。絵描きさんの場合、内助の功じゃないけど、奥さんが働いているケースが多かった。椋の奥さんもモデルをやっていたし、名前を思い出せないけれど、例の新宿の喫茶店で会った時、駅のマイシティの洋品店で女房が働いていると話してくれた絵描きもいた。

——椋にしても沖にしても、劇画家としての仕事が増えてくるのは七〇年代以後のＳＭ雑誌と所謂エロ漫画雑誌の隆盛からで、それまではなかなか食べていけなかった。

飯田　そういうことです。それは作家も同様で、『裏窓』の原稿料、画料だけでは食べられないものだから、彼らは彼らなりに食べることに追われ、本当に一生懸命にありとあらゆるところに書き、描いていた。私だってそうですから、他人のことはいえませんが。

——それから漫画家といえば、飯田さんが『「奇譚クラブ」とその周辺』の中で書いていた鹿野はるおのこともすごく印象に残り、彼の貸本マンガらしき『地獄の紋章』（ひばり書房）という一冊を購入しています。

飯田　あれは須磨が貸本屋で偶然見つけてきた漫画家で、知り合いではなく、まったく偶然です。同じようにして見つけ、挿絵を描くようになったのは豊田みのるです。

――私が感心したのはマニア読者兼編集者はこのようにして作品を読み、作家や画家を見つけてくるのかということでした。マンガはそれほどうまくないのに責め場や縛り方がリアルでマニア的だからといって、わざわざ手紙を書き、訪ねていく。結果は断わられるのですが、アブノーマル雑誌の編集者の真髄を見たようで、感動を覚えました。

飯田　それが須磨の優れたセンスです。『裏窓』の小説の挿絵や絵物語には絶えず新しいものがほしい。毎号同じではあきられるし、雑誌を続けるためなら、常に新しい画家を見つけ、誌面を新鮮に保っていかなければならない。須磨はアブノーマル雑誌におけるイラストや挿絵の重要性を誰よりも熟知していましたから。

――確かに『地獄の紋章』を読んでみると、絵柄の割に、責め場と縛られる女がえらく生々しい。

飯田　その画家の見分け方だけど、マニアかマニアではないのかも重要で、須磨はそれをよくわかっていた。中川彩子が人気を博したのは本人がマニアだったからで、それに比べ秋吉巒や沖渉二はマニアではなかった。マニア読者はその見分け方がわかる。

――なるほど、だから飯田さんは『奇譚クラブ』から『裏窓』を通じて、喜多玲子、中川彩子、それからこの人はふれられませんでしたが、畔亭数久《ぐろてすく》の三人を別格の絵師として挙げているわけですね。

飯田　そういうことです。編集者がマニアであれば、それは自ずと掲載作品、挿絵、イラストにダイレクトに反映されていく。

ただ作家も絵描きさんもそれなりに利口だから、マニアもどきになって書いたり、描いたりするようになる。その典型が島本春雄や沖渉二だったんじゃないかな。

——島本の小説はわかる気がします。あんなにたくさん連載しているのに人気は今ひとつというところだったのはそのせいなんでしょうね。

飯田 そこで難しいのはアブノーマル雑誌特有の問題で、読者がすべてマニアではないわけだから、マニア特有の世界の息苦しさを感じさせ過ぎてもいけない。そうすると、マニアとマニアもどきの作品が混じっているほうが好ましく、その割合の判断も編集者に不可欠でもある。

73 フェニックス商会と森下小太郎

——それは写真やグラビア資料も同様でしょうが、グラビア資料は主としてフェニックス商会提供となっています。これはあの森下小太郎経由だと考えていいし、またこの人は「現代マゾヒズム文化時評」を連載している森下高茂と同じですよね。

飯田 同一人物です。

——この森下については飯田さんも『「奇譚クラブ」の絵師たち』で、横浜でＳＭグッズ店を営み、夫人が金髪碧眼の異国人だったと紹介しています。

私もこの「出版人に聞く」シリーズ10『薔薇十字社とその軌跡』で、森下が『諸君！』八二年十一月号に、「『家畜人ヤプー』の覆面作家は東京高裁・倉田卓次判事」を掲載し、また彼は印刷会社の社長の息子で、『家畜人ヤプー』を出版した都市出版社の矢牧一宏の旧制成蹊高校の同窓生だとの証言を引いておきました。

飯田 彼は『奇譚クラブ』にマゾヒズムとフェチシズムに関する多くのエッセイを執筆し、その他に森本愛造、原忠正、森下高茂、谷貫太、天泥盛英などのペンネームを使っていて、「現代マゾヒズム文化時評」の頃は親交を結んでいた。彼のそのような個人的事情は聞かされていなかったけれど、彼もマニアだったので、お互いに訪ね合い、一夜を語り明かしたりもした。

今でも覚えているのは、自分はマゾヒストなのによくサドの小説を読む。それはいじめられる女を男の自分に置き換えて読む。この作業は楽しいが、適用しやすい小説とそうでない小説があるので、頭が疲れるといったことですよ。

―― これもまたマニア特有の告白で、なるほどと思います。それを森下は映画、演劇、出版物に見出し、「現代マゾヒズム文化時評」を書いていることになる。外国の雑誌や書籍といった文献収集とその紹介から見て、彼も倉田ほどではないにしても、数カ国語に通じていることは明白です。

飯田 それでなければ、あの時代にSMグッズ店など経営できないし、それはフェニックス商会にしても同様でしょう。しかも奥さんも外国人だったから。

74　天野哲夫のペンネームとかびや・かずひこ

――まあ、マニアに関してはいずれも、それこそ一筋縄ではいかないという人物ばかりですが、森下もその典型かもしれません。

同じく「体当りマゾヒズム論」を連載している水尾究というのは誰なんですか。

飯田　水尾究というのは天野哲夫です。

――あの『家畜人ヤプー』の作者、もしくは代理人とされているあの天野哲夫ですか。

飯田　そう、その頃はいつ摘発されるかわからないので、用心の意味も含め、私がすべてペンネームを考えた。水尾はMを意味し、究は極めるだから、マゾヒズムを極めるという意味になる。

それからマゾヒズム的「裏窓文芸評論」の安東泉も私がつけた、これも天野です。

――長編マゾヒズム小説として、四月号から阿麻哲郎の「ゴルドンの記憶」が江渕晃夫の挿絵入りで始まっていますが、阿麻は誰ですか。

飯田　これは私がつけたのではなく、須磨です。ちょっと安易な命名で、アマノテツオをアマテツロウにしただけなので、すぐに誰だかわかってしまう。

だから安藤泉の場合、まったく連想がきかないきれいな名前をつけようとして選んだわけです。でも実物は変につるつるして、もったりした男で、その名前にまったくふさわしくないけど。

――とすると、マゾヒズム小説、文芸評論、エッセイの三本を天野哲夫が書いていたことになる。彼は『奇譚クラブ』でも黒田史郎その他のペンネームを使っていたはずだから、飯田さん、須磨、森下と並んで、いくつペンネームがあるのかわからない。この人もマニアの典型ですね。

それではこれも「ほも紳士録」を連載しているかびや・かずひこはどうなんでしょうか。

飯田　この人は漢字名鹿火屋一彦、ペンネームは真野麗で、あの時代のホモの大家です。大家という意味は本来であれば、当然のごとく秘密にしておかなければならないのに、彼だけははっきり顔を出して書いていた。確か著書にゲイバーで男たちといる写真を掲載していた。

――それは勇気があり、大変な人物ですね。今だってなかなかカミングアウトできないのに。

飯田　非常にほっそりとしたひ弱な感じで、よくわからない人だった。いや、彼だけでなく、私にとってホモの人はよくわからない。ところがまた奥さんの話をすると、ものすごいグラマーなんです。江古田の駅に近い都営住宅に住んでいて、この奥さんが歩いて久保書店まで原稿を持ってくる。

そうすると須磨は好色男を演じて、奥さん、今度は二人で会いましょう、お宅の旦那はあちらは駄目でしょうからといって、そこまで送ったりしている。

それで須磨はこちらにもサービス精神が旺盛だから、実際は創作に決まっているけど、あれから奥さんとあそこの連れ込み旅館にいって、しっぽり楽しんだと話すわけです。その奥さんはお尻も大きく、須磨もお尻フェチな上に話もうまいので、つい聞かされてしまう。とにかく人を喜ばせるのが好きで、そういう話は得意中の得意だから。

―― 飯田さんもそういうところがありませんか。

飯田 それはそうだ。須磨のことばかりいえないね。

―― それでは彼のペンネームの真野麗は誰がつけたんですか。

飯田 それは知らない。あれはご当人がつけたんじゃないかな。ただ驚いたのはそんな外見にもかかわらず、彼が同じネタを二度使って書いたことを指摘したら、どうしてこんなに怒るというくらい怒って、ホモの人をあまり怒らせるようなことをしてはいけないという教訓を得た。

―― 当時の事情からすると、ホモの人も偽装結婚していたとされているのが、そんなグラマーな奥さんと結婚しているというのも同じなんでしょうか。

飯田 結局、世間体でしょうね。

ただホモの人がわからないといいましたが、須磨のいっていることもどこまで本当なのか、死ぬ間際まで嘘をついていた。作家というのは嘘つきだから信じてはいけない。本当に嘘つきじゃないと、作家になれないからです。

――でも飯田さんも作家だから、このインタビューも少し割引きして読者に読んでもらったほうがいいんでしょうか。

飯田　いや、このインタビューは事実をしゃべっているし、それに調査と資料に基づいているインタビューですから嘘もいえない。

――ところで団鬼六のことで思い出しましたが、冒頭に出ました元双葉社の塩澤さんが団と親しかったが、とにかく不器用だし、精力が強いとはとても信じられないといっていました。

飯田　団は精力なんかまったく強くないですよ。ものすごく気が小さいし、それに不器用だから女性を縛るなんてできなかったはずだ。

――やっぱり団も耽美幻想派なんでしょうか。

飯田　私のほうは耽美妄想派かもしれない。

75　『裏窓』湯河原へ行く

――それぞれ幻想派か妄想派かはわかりませんが、今まで俎上にのぼしてきた人たちが飯田さんも含め、一堂に会した記録が、三月号に「『裏窓』湯河原へ行く」と題し、掲載されている。これは編集部レポートと目次にはあるけれど、巻末に「飯田・記」となっているので飯田さん自身が書いていて、先にふれた『あまとりあ』の伊豆旅行を彷彿させます。

飯田　いや、これは懐かしいし、こんなにメンバーも揃って盛り上がったことはなかったんじゃないかな。

――そうかもしれません。メンバーを挙げてみますと、画家は喜多玲子、中川彩子、小日向一夢、山田彬弘、都築峯子、鬼頭暁、作家は島本春雄、阿麻哲郎、花巻京太郎（団鬼六）などにモデル嬢たちとを合わせ、二十数名です。それに新年会のイベントのために都内の劇場の美女たちが駆けつけ、アラビア衣裳をつけた踊り子が登場したりする。これは前にふれた新年号の表紙を意識しているんでしょうね。

飯田　そう、みんな喜んでいた。同行したモデルたちを喜多玲子と中川彩子が率先して縛り、それを「けんらんたる景品」と題して、グラビアページに収録した。

――レポートの写真とグラビア五ページは『裏窓』の宴の雰囲気をよく伝えていて、飯田さんも書いていますので、全員が並んだところを引用しておきます。

壮観である。

なにしろ、なにかの一大変異がおこって、この一堂に集まっている先生がたが、ぜんぶ消えてしまったら「裏窓」なる雑誌も、また数万の読者を残したまま、いっさい消えてしまうのである。

ほかの小説雑誌だったら、たとえこの二十数名が消えても、ほかの作家、画家、カメラマンに依頼すれば、また、同じような雑誌をつくり、発行していくことはできる。

しかし、わが「裏窓」に関するかぎり、それは絶対といっていいほど、できない。

これはすばらしい編集者としての自負で、飯田さんや須磨の『裏窓』に対する思いがこめられているると思います。

76　悪書追放運動

飯田　ところがこれが最後の『裏窓』の宴とでもいえるものだった。翌年の六四年は東京オリンピックで、アブノーマル雑誌は目の仇にされ、つぶされていくわけです。

――所謂悪書追放運動ですね。これは半世紀前のことで、戦後出版史においても大きな事件といっていいでしょう。でもそれを記憶している読者も少なくなっていると思われます。そこでこの「出版人に聞く」シリーズで、いつも参照しています『出版データブック 1945―1996』（出版ニュース社）を見てみると、一九六三年の十大ニュースのトップに「不良出版物追放運動の展開」がすえられ、次のような説明があります。

甲府市の書店一二店の組合が、青少年に悪影響を及ぼす出版物を今後送品しないようにと、それらの雑誌の誌名リストを添えて雑誌扱い四取次会社に申し入れたことが、一〇月二日の朝日新聞紙上に報道され、読書週間を前にしてにわかに世論の反響をよび、不良出版物追放運動のきっかけとなった。

これより以前に、大阪市においては、大阪府出版物小売協同組合が中心となって、この種の出版物の追放、良書の普及運動をおこしていたが、今回の世論の声に応じて、日本出版物小売業組合全国連合会（小売全連）は出版販売倫理委員会を中心に、全国統一の運動としてとりあげ、「出版販売倫理綱領」の発表と共に、この種の雑誌二一誌のリストを添えて取次協会に対し、これら雑誌の送品の拒否を申し入れ、大きく業界内外に波紋をひろげた。

二一の雑誌の誌名をあげて全連として仕入拒否を行うことは、不良出版物追放運動には賛成しても、その方法において、出版界、取次界から批判がおこり、小売書店だけの問題ではなく、出版業界全体が一致して運動を促し、法規化を防止すべきであるとの出版社側の提案により、一二月中旬に、書籍協会、雑誌協会、取次協会、小売全連の四団体合同の会議が開かれた。

その結果、出版倫理協議会（議長・布川角左衛門氏）が設置された。折から、世論の不良出版物追放の声に、東京都では青少年保護育成のための都条例施行の動きがあり、この条例中に出版物を法的に規制する条文が加えられようとしているため、出版倫理協議会は直ちに対策を協議して、法的規制が行われないよう陳情運動をおこした。

出版業界は不良出版物追放に恒久的態度を示し、自制を強調したが、この種の雑誌のほとんどはアウトサイダー的出版社のものであり、また全出版物からすれば微々たるものであるが、世論の反響も大きいため、慎重な動きをとっている。なお、スタンド販売、駅販売店、古書籍商にも同様な追放運動に同調する動きがあり、全国的に自制の実をあげるに至った。

飯田 当時のことを思い出して、腹が立ってくる。本当に怨み骨髄で、まだ怨念は晴れていませんよ。

―― この二十一の雑誌の中に『裏窓』も入っていた。

飯田 そう、『奇譚クラブ』と並んでね。それに前年『裏窓』が摘発されたこともあって、編集人としての私に対して、悪書から青少年を守ることを目的とする「良識人」「有識者」たちで結成された全国の団体から、毎日のように弾劾文書が送られてきた。それればかりでなく、「悪書」を発行している出版社の経営者と編集責任者を呼び出し、一室に集め、「吊るし上げ」も行った。官憲だってそこまではやらなかったし、そこには言論・表現の自由という民主主義の原則すらもなかった。

ところがこれらの青少年を正しく健全に育成することを念願とする諸団体のとりわけ中高年の女性たちは私たちを罵倒し、汚いものを見るように侮辱的な言葉を投げつけた。特に単なるエロ雑誌を超えた「悪書」の極みとして、変態雑誌の編集人である私に非難は集中した。彼女たちに浴びせられたことばの数々を私は今でも思い出すことがある。そうした言葉に酔っている彼女たちこそサディストで、性的快感を得ているのにちがいないとさえ思った。

――そこには『奇譚クラブ』の吉田稔もいたと仄聞していますが。

飯田　吉田は大阪で何度もこんな目にあっているらしく、ずっと神妙な顔でうつむいていた。さからったり、反論したりすると、彼女たちがさらに逆上するとわかっていたからでしょう。これらの諸団体は私たちのような出版社だけでなく、「悪書」を売っている書店を見つけると弾劾し、大手新聞社もそれを写真入りで報道し、「悪書追放運動」をあおる手助けをした。それから悪書を葬る白い箱を大量に作り、各駅の改札口を出たところに設置した。

――そうなると「悪書追放運動」というよりも、「悪書絶滅運動」ですね。

飯田　そう、その白い箱に集めた本と雑誌を焼き捨てるわけですから。その焼かれる悪書ベストテンに『裏窓』は常に上位を占めていた。『裏窓』を売ってくれる書店が少なくなり、売れ行きは落ちていく。それで紙面も自粛せざるを得ず、敗退の感が強くなっていった。そこで『裏窓』の寄稿家で、悪書追放運動の内幕をよく知っている大手出版社の編集者にペンネームで「現代の魔女裁判」と題し、書いてもらった。

――六四年十月号の邦枝克平の「現代の魔女裁判」で、そのまま『「奇譚クラブ」とその周辺』に転載されているものですね。

『裏窓』に対してはチャタレイ裁判やサド裁判に見られるような文化人の支援はないわけだか

ら、自ら『裏窓』で反撃反論しようとする意志が伝わってくる異例の掲載に映ります。何せ十三ページに及んでいますから。ところで反響はあったのですか。

77 『裏窓』休刊

飯田 はかない抵抗、ひとりよがりの抵抗といってよく、所詮蟷螂の斧で圧力は執拗に続いた。そして六五年一月号で十年間続いた『裏窓』は一応の幕を閉じることになります。でも『奇譚クラブ』はその後も十年間発行を続け、七五年三月号まで出された。これは発行人と編集長を兼ねていた吉田稔だから可能だった十年間だとあらためて思います。

―― ここまでで何とか『裏窓』の休刊に至るまでをたどってきたのですが、まだ飯田さんは三十五歳で、その人生の半分もうかがっていないことになります。でもすでに予定の分量をはるかに超え、「出版人に聞く」シリーズの中でも最長になってしまったので、残念ながらここでそろそろ終わりにしなければなりません。そこで駆け足ですが、『裏窓』休刊以後のことを少しフォローして頂けませんか。

飯田　『裏窓』の後続雑誌として推理小説専門誌をよそおい、『サスペンスマガジン』を創刊し、六五年から六九年にかけて刊行しますが、これもまた有識者諸団体の告発により、警視庁の摘発の気配があったので、これまた休刊するしかなかった。七二年に『サスペンスマガジン』は復刊になりますが、これには関わっていない。

――　確か『サスペンスマガジン』の休刊をきっかけにして、久保書店を退社することになる。

飯田　久保書店の編集代表を務めていた須磨と一緒に退社し、虹プロダクションを設立し、『あぶめんと』を創刊するが、これは半年で休刊となってしまった。

それから七〇年代に入って『SMセレクト』『SMコレクター』『SMファン』などのSM雑誌の創刊に私と須磨はこれらの雑誌の執筆者やアドバイザーなどを務めることになり、私もこの時代から濡木痴夢男のペンネームを使い始めます。

――　七〇年代以後のSM雑誌の興隆もとても興味深いし、この時代に飯田さんの編集者でもあった仙田弘が『総天然色の夢』（本の雑誌社）を著わしてもいますので、ぜひ参照してほしいと思います。飯田さんも出てきますので。

それから時間はとんでしまうのですが、飯田さんのパートナー、もしくは盟友でもあった須磨が七十二歳で亡くなるのが九二年です。療養生活も長くなっていたと聞いていますが。

飯田　中川彩子と同じで、高血圧のために倒れてしまった。それは八一年のことで、舌がもつれ、半身不随となったのです。そのために須磨が担当していた各SM雑誌の緊縛シーン、それらに関する執筆をすべて私が引き受けるしかなかった。八〇年代になると、SM雑誌全盛時代になり、一ヵ月に十誌以上のSM雑誌が出されてるようになっていたからです。

――まさか全部の雑誌に書いていたんじゃないでしょうね。

飯田　いや、そのまさかどころか、全部の雑誌の写真撮影の現場で緊縛の仕事を担当し、ペンネームを多用し、小説や読物を書いていたのですよ。

その一方で、須磨は神奈川県の温泉療養所でリハビリの毎日を送り、私によく手紙をくれた。そのペン字はふるえ、乱れていて、それを見て、こみ上げるものがありました。

78　レクイエムとしての『縄炎――美濃村晃の世界』

――その病中の須磨も出演しているビデオ『縄炎――美濃村晃の世界』（製作・横畠邦彦、監督雪村春樹、発売シネマジック）を見て、これは飯田さんの須磨へのオマージュ、もしくはレクイエムなのかと思いましたが。

飯田　それは私も出演しているし、確かにそうなんだけれど、シネマジックの横畠の思い入れのほうが強いんです。彼はサン出版のSM雑誌の編集者で、私の担当者でもあった。その横畠の須磨と『奇譚クラブ』へのオマージュといったほうがふさわしいんじゃないか。もちろん私なり

のオマージュはこめられていますが。
これは須磨の自伝的ドラマを形成していて、売られてきた貧しい紡績女工や安女郎が縛られ、折檻され、また見世物にされているシーンが出てくるが、これは須磨がかつて書いたことのあるＳＭ体験記、もしくは妄想記で、その『奇譚クラブ』の原点というものを具体的に映像化したのが『縄炎――美濃村晃の世界』なんです。だから映像による『奇譚クラブ』といっていい。

――そしてその延長線上に『裏窓』も飯田さんも登場してくるわけで、それを象徴するように、飯田さんも出演し、長襦袢姿や腰巻姿の女を緊縛する。それを半身不随で、言葉も不自由な須磨がいとおしむかのように見つめ、彼もまた飯田さんにオマージュをこめている。これはお二人の長い特別な関係を表象しているように思われるのです。

飯田 そこまでいわれると、『縄炎――美濃村晃の世界』で、須磨と共演したことが何よりのレクイエムになるかもしれないね。この後少し経ってから、彼は亡くなったことを考えれば。でも私の中で須磨はまだ死んでいないし、これは未刊ですが、私なりのレクイエムとして『美濃村晃伝』も書いている。

――そうなんですよね。飯田さんは『「奇譚クラブ」の絵師たち』『「奇譚クラブ」とその周辺』に続いて、須磨と『奇譚クラブ』に関する三冊目も脱稿していることになる。こちらも早く本になるといいのですが。

飯田さん、本日は長時間にわたって有難うございました。措きインタビューでお疲れと思いますが、これまでにない戦後出版史をお聞きすることができ、大変感謝しております。それでは飯田さんのさらなる御長寿と御健筆を祈りまして、このインタビューを閉じさせて頂きます。

【付録】　青山三枝吉「悦虐の旅役者」（初出『奇譚クラブ』昭和28年11月号）

悦虐の旅役者

青山三枝吉
都築峯子・画

(1)

春風座は、もともと軽演劇の一座であるが、客の色合いをみて、時には剣劇もやればストリツプもやる。女剣劇が流行しだすと、一座の若い花形女優に刀をもたせて立ち廻りをやらせ、客の求めに応じて肌ぬぎになると、たつぷり大見得もきらせるはだけた襟もとから豊かな白い乳房がムツクリと顔をだすと、農村のあんちやん等が、奇声をあげて感嘆の野次をとばすのである。

　春風座は、男女あわせて二十人ばかりの旅まわりの劇団であるが、俳優は浅草育ちの腕達者が揃つていた。

浅草の劇場がストリツプと女剣劇に占拠されて、ひと頃隆盛をきわめた軽演劇はしめだされ、当然多くの軽演劇俳優は失職した。

それら喰うに追われた俳優たちが、三々五々集つて一座を組織すると、次々に田舎まわりとなつて散つていつた。春風座が、そんな時流に押されて、やはり旅まわりの一座を結成したのは四年ばかり前のことである。

その頃私は下谷稲荷町の安アパートに一人売れない小説を書いたり、浅草のエロ芝居の脚本を書いたりして生活していた。

そんな私を、或る夜、春風座の座長である谷村が訪ねてきて、一緒に旅に出ないか、という。

「まあ、旅の劇団で文芸部を連れてゆくほどのことはないんだけどそうかといつてまるきりのデタラメもできないからね。君なら若いし、まだひとり者だしするから、給料のといつたつて、どうせ沢山はだせないが、喰う心配のない位の面倒はできると思うが、どうだい一緒に旅に出る気はないかね？」

谷村には私の書く脚本をよく買つてもらつたり、いろいろ世話になつていた。

私は谷村の誘いをすぐ受け入れた。東京の裏街に巣喰い、ひと通りの悪い遊びも経験してきて、むせるような都会の脂粉と塵埃にまみれながら、青春の日々を過してきた私である。虚無と頽廃の空気は、新しい文学を志望する私の若い血にとつて、ようやく耐え難いものとなつた。しばらく東京を離れてみよう……。私は谷村に意気込んで云つた。

「連れていつて下さい、谷村さん、実はぼくも東京にアキアキしちやつたんです。」

(2)

茨城県のH市をふり出しに、春風座は東北地方を順調に興行を続けた。

が、順調に客が入つて、景気のよい興行が続けられたのは、はじめの三ケ月程だけであつた。東京を離れたのは、春の遅い北国にもチラホラ桜の咲き初める頃であつたが、蔭鬱な梅雨が、旅の空いつぱいひろがりはじめる頃になると、客足が眼にみえて減つてきた。ガラ空きの客席の前で芝居する程、俳優にとつて味気ないものはない。いや、それどころか、日々の飯に直接影響するのだ。

「どうしたつていうんだろうな。ここへ来て急に……」

谷村は暗い顔で、腕をこまねいて云つた。

「梅雨時は、百姓が忙がしいから、どうしても客足は落ちるでしよう。」

私はとりなし顔に云つたが、客の来ない決定的な原因は矢張り、芝居そのものにもあつたのだ。

都会からはみ出した、ストリツプや女剣劇が潮の寄せるように地方の町々や農村に浸透して今では既に、田舎の人々にも珍らしくなくなつていたのだ。

梅雨が烈しくしぶいて、田舎の古い小屋の楽屋は雨洩りがひどいベトベトした畳に寝転んでいると、身体にもカビが生えてきそうな錯覚におそわれる。一座の男女たちはポタリポタリ小止みなく落ちてくる雨洩りの音をききながら、ワタのはみ出した畳にゴロ寝である。もう、旅館に泊る余裕すらなくなつていた。

煙草もとうに切れて、所在なさに膝を抱えてぼんやりしている私の前に、谷村がこれも元気ない足どりでやつて来た。

「青山君、どうも弱つたね。何しろ二十人の座員の口を預つているんだからね。ここらでなんとか奮起一番、大入りをとらなくちや、春風座は解散するより他にテはないよ。なにか客を、あつと云わせる趣向はないものかね。」

額にシワを寄せて、弱り切つた様子の谷村の顔をみつめているうちに、私の頭にひらめいたものがあつた。

「座長。実はこの間、一寸風の便りにきいたんですが、今、東京じや解散寸前の空気座が起死回生の一打に、田村泰次郎の肉体の門を舞台にかけて、それが大へんな評判になつているそうですよ。くわしいことは何しろ遠く離れているんでわかりませんが、とに角、あそこの女優の捨身の演技が成功したらしいです。つまり芝居の中で女同志のリンチがあるんですが、その演出がバカに刺戟的でさすがの都会人もあつと驚いたそうですよ。興行的にヒットしたというのは、いろいろ問題もあるでしょうが、ぼくは、その女同志のリアルで残酷なリンチの場面が客を呼んだんじやないかと睨んでいるんです。」

「うゝむ。」

と、谷村の沈思黙考という形で空間をみつめていたが、やがて私をじつとみた。

「で、青山君、君は……」

私は一膝のりだして云つた。

「以前、何かの雑誌で読んだ記憶があるんですが、芝居の入りが悪くなつたら、女の責めの芝居をやれば必ず当る。どういうことなんです。つまり、縛られた女の異状な美しさが、必ず客に喜ばれるということなんですが……」

組んでいた腕をほどくと、谷村が静かに云つた。

「よし、それをやつてみよう。うまくいくかどうかはわからないが皆にも張り切つてもらつて、思い切つてすさまじい芝居をやつてみようじやないか。」

谷村は眼を輝かして、次第に意気込んできた。

「じや、君はこれからすぐ台本にとりかゝつてくれ。マゲモノがいいな。マリに主演させて、時代物で裸はあまり出さず、日本的な色気で押していつて、最後の見せ場で、マリを縛るんだ。客をうならせる場面をつみ重ねてくれ。」

座長の熱に押されて、私もつよくうなずいた。

その夜、カビ臭い楽屋布団の中に腹這いになつて、私は妖しい構想に胸をときめかせながら、ペンを走らせた。

――その頃、江戸八百八町にひんぴんとして若い女ばかりをねらう〃まぼろし〃と呼ばれる誘拐団が横行した。美しい娘とみれば、コツ然として、その行手をふさぎ、声を立てるひまもなく、娘はいずこへか連れ去られてしまうのである。

町方役人の必死の探索も空しく、美しい犠牲者は日を追つて増えるばかりである。厳重な警戒網をくぐつて、〃まぼろし〃の一味は黄昏の江戸の町を跳梁する。

ここに、神田は鎌倉河岸に住む、十手捕縄を預る花屋常五郎、その娘で名はお美津。十九才。先年父親の常五郎が中風で倒れた後、健気にも花屋を切り廻している。

ところが最近、花屋の縄ばり内に、つづけて三人の犠牲者を出しているので、お美津としては、黙つて傍観しているわけにはいかなくなつた。

そこで、南町奉行所与力、桂新十郎へ特別に願い出て、病気の父親の代りに十手捕縄を持つことを許された。お美津と新十郎はかねてからの恋仲である。

こちらは、その〃まぼろし〃の本拠。河岸に建てられた古寺に、さらつてきた娘たちを閉じこめてある。彼らは、この古寺のすぐ裏を流れている大川から船で海へ出て、水路、娘たちを長崎に送り、異人相手の淫売窟へ売り飛ばそうというのだ。

荒れ果てた本堂の柱には、娘たちが様々の姿態で縛られている。

辛苦の果に、ようやく一味の本拠を突きとめて忍びこんで来たお美津は、この状景をみて少しも早く、与力桂新十郎に知らせようとした。が、既に敵中深く入つているので脱出に困難。ついに一味の者に発見され、多勢の荒くれ男を相手に奮斗するが、力およばず捕われてしまう。野卑な男たちの拷問に、歯を喰い縛つて耐えるお美津。

この時、お美津が道々残してきた目印を手掛りをたぐつて新十郎が救いの手をのべに、サツソウと現われる。かくて、大剣戟の果てに、大江戸を騒がせた〃まぼろし〃の一味はほろび、新十郎とお美津はめでたく結ばれる。――

私がこの脚本の最後の一枚を書き終え、ほつとして頭をあげるとつぎはぎだらけの楽屋窓にも、朝陽がまぶしくいつぱいに射しこんでいた。

既に幾通りにも書き尽くされた捕物小説の焼き直しで、創作というのもオコがましい話だが、とう〳〵徹夜で四十枚の原稿を書き上げてしまつたのである。疲労と気のゆるみで私は急に眠気におそわれ、布団に突伏した。

二時間ばかり、ウトウトとすると、足音たてて、谷村がやつてきた。

「できたかい、青山君？」

私は、はつと眼をさまし、

「ああ、座長。どうやらまとめました。読んで下さい。」

谷村は一気に読み終えると、

「短かい時間に、よくこれだけまとめてくれた。次の初日に間に合うよう、すぐにとりかかろう。肝心の責め場の演出には、君も手伝つてくれ給え。」

と私の肩を強くゆすた。

（3）

主演の花屋お美津は、一座の花形女優、春木マリに最初からあてはめて書いた役だつた。お美津の危機を救う二枚目、桂木新十郎は当然座長の谷村にまわつた。

春木マリは、二十三才の成長の頂点に達した女優で、肌の色がネツトリ白く、小肥りで上背も立派な、まず主演級としてどこへ出しても恥しくない貫録であつた。

一座の者を一室に集めて座長の涙も溢れんばかりの訴えと激励に全員、今度の興行の成功を祈り、奮起を誓つた。

そして、舞台げいこが始つた。

第一場。夜の大川端。番頭を供に連れた商家の娘が通りかゝる突如柳の蔭から躍り出た〃まぼろし〃の一団。娘をかばう番頭を斬り倒し、娘に素早く猿ぐつわをかませる、手足をかついで逃走する。

第二場。花屋松五郎の家。松五郎が病気で臥ている。娘のお美津と共に、今、江戸中を騒がせている〃まぼろし〃の噂をしていると。そこへ、与力、桂木新十郎がやつてくる。父親の代りに、十手捕縄を持たせてくれと、新十郎に取り縋つて頼むお美津。

第三場。柳原の土堤。お美津が町娘に化けて立つている。木かげにかくれている新十郎。囮とは知らず襲いかかる〃まぼろし〃。お美津と新十郎の十手がきらめき、捕縄がとぶ。しかし、船に乗つて逃げて行く〃まぼろし〃。

第四場。古寺の本堂。この場で、はじめて女の縛られるシーンが展開される。さらわれてきた娘四人が柱に縛られているのだ。高手小手に縛られたまゝ床に転がされている娘。その娘の肉体の上に、どつかりと腰を下ろして酒を飲んでいる〃まぼろし〃の手下。天井の梁から両手首を結ばれて吊されている女。見張りの男たちは酒に酔い痴れている。

手上のA「おかしらは、この女たちは大切な商売物だから、決して手を出しちやいけねえというけれど、こんなベツピン揃いが眼の前に、こうチラチラしちや、手をださねえわけにやいくものけえ。」

手下のB「おい〳〵じよう談じやねえぜ。この女たちに手をつけてみねえ。おめえの首は胴についちやいねえぜ。何しろうちのかしらときちや、自分じやさんざんいいことをやつておきながら、俺たちにやまつたくケチなんだからなあ。」

手下のC「そうともよ。こうして酒を飲んでも、野郎同志の木の根つこみてえな汚ねえ指で、さしつさゝれつじや、酔いたくつたつて酔えるもんけえ。」

手下A「いいことを考えた。こうして朝から晩まで縛つたまゝじやいくら逃げるからといつたて、ちつとは可哀想というものじやねえか。一寸の間、縛つた縄をほどいてやつて、俺達の酒の酌をさせちやあどうだい?」

手下B「そいつはいい。切角あぶない綱を渡つて連れてきた娘だ。俺達だつて、その位の楽しみはあつてもいい筈だぜ。」

手下C「成程そいつはうめえ。よし、善はいそげだ。」

手下C、よろよろと立ち上つて、柱に縛られている娘のそばに寄り酒臭い息をフウツと吹きかける。娘は怖しがつて身をよじり、避けようとする。

手下C「なんでえ。なにも怖がることはねえじやねえか。切角、身体を楽にさせてやろうというんだ。こつちをむいたらどうだい?」

娘「いやです。そばへ寄らないで下さい。」

手下C「なにを云やがる。(背後へ廻つて縄をほどいてやる)ずい分また固く縛つたもんだなあ。真白い腕が、赤くなつてらあ。へへへへ、痛かつたろう、ねえちやん?」

と、ほどいてやると、娘立ち上つて逃げようとする。

手下C「おつとどつこい。そうはさせないよ。」

手下ABもフラフラ立ち上つて娘の逃げ道をふさぐ。娘、必死に逃げようとするが帯をつかまれて引き戻される。ズルズルと帯が解け前がはだける。

手下A「こいつはどうも、おあつらえ向きだぜ。」

と、いいながら、逃げる娘の着物を強引に剝いでいく。

手下A「てへへへへ…。もうガマンがならねえ。」

手下Aは娘を抱えて、舞台上手の次の部屋に姿を消す。手下BCも、あわてて後を追う。

——というような場面があつてから、やがてお美津が忍び込んでくる。捕われている娘達の縄をほどいて、さて逃げ出そうとする時、〃まぼろし〃の首領が現われて行く手をふさぐ。やがて周囲をまぼろし一味にとりかこまれてしまう

ここで悪漢を相手にお美津の立廻りがはじまる。春木マリ得意の女劒戟である。だが、多勢に無勢、十手をもぎとられてお美津は押さえつけられてしまう。一度助けた娘たちも再び捕われる。手を後ろにねじり上げられたお美津は首領の前に引きすえられる。首領は憎々し気に、お美津の顎を刀のこじりでグイと小突いて、

「女だてらに、このまぼろし様に刃向うなどとは笑止千万。おい野郎共、この女を縛りあげてみせしめの為に叩きすえろ。」

そして、第五場は、古寺の奥室で、暗い部屋にくくりつけられたお美津を中心に、クライマツクスの責め場が始るわけである。

かくして、最後の新十郎の登場で、再び大剣戟が起り、お美津は無事に救われ、まぼろし一味も御用となつて、この「娘捕物、江戸のまぼろし」は、幕となる次第である。

けいこは火を吐くような激しさで行われた。春木は、自分が縛られる段になると、流石にたじろいで後ずさりして

「どうしたんだい、続けてくれよ。」

と、つい荒口調になる私の顔を恨めし気に睨んだ。

「君だつて役者なんじやないか。少し位乱暴に縛られつて、役の為なら仕方がないよ。初日が迫つてるんだ。けいこは真剣にやつてくれ。」

私は、まぼろしの手下になる俳優を励まし、一緒になつて、春木マリの肉づきのよい白い腕を背中にねじり上げた。マリは、「ムムウ……」とうめくと、

「アツ痛い、痛い。」

と、悲鳴をあげた。縄をかける芝居は他に数多あるし、経験もしているのだが、大抵の場合、本当には縛らず、たゞ縄をグルリと身体に捲きつけて、縛られた役者自身が、背中でその縄を握つているだけである。だから自然と迫真力も殺がれるわけで私はそんな生ヌルイことをせず、背中にねじ上げたマリの手首を重ねると、細引でギリギリと縛つた。マリの紅い唇は苦痛にゆがみ、本能的に身体をよじつて少しでも、腕に喰いこむ縄目から抜けようともがいた。私はそんなことにお構いなしに、余つた縄を背中から前へ廻し、豊満な乳房の上から、二重三重と力をこめて縛りあげた。小道具の黒く汚れた細引は、マリのやわらかい肉体にグイグイとからみつき喰いこんだ。

「アアツ、アアツ」

マリの白い歯の間から言葉にならいうめきが洩れ、マリの縛られた身体は前に折れて、顔は舞台をなめんばかりに下つた。

「青山君、大丈夫かい?」

谷村が見かねて云つた。私は、

「大丈夫ですよ。この位真剣になつてやらなけりや、折角の企画がなんにもなりませんよ。人間いくら縛つたつて、縛つただけじや死ぬもんじやありませんからね。」

と、云い放つと、マリに向つて、

「さ、マリちやん、ワガママしてないで、次のセリフを云つてくれよ。」

マリは、歯を喰い縛るとムツクリ顔をあげ、いつそもうヤケクソのような態度で、

「いつたい、こんなに縛つて何をしようというんだい。はゞかりながら花屋のお美津、お前達に捕つたつて、ネをあげるような女じやないんだ。」

マリの髪の毛は、額から、片眼をかくす程、たれ下り、黒眼勝ちの大きな眼が、きつぱりと相手を睨んだ。私は、思わず心の中で（素晴らしい！）と叫んだ。縄にまかれたマリの凄艶な姿態に、私はしびれる程の陶酔感が全身を襲つた。

（4）

田舎まわりの一座にしては、真剣すぎる程のけいこだつた。今度失敗したら一座は解散、自分達は着のみ着のまゝ、東京へ敗残の身をさらさねばならない。いや、その東京へ帰る汽車賃さえ、どうなるかわからないのだ。

こうして、春風座が初日を開けたのは、青森県のK町で、梅雨もそろ〳〵明けようという六月の末であった。

その前に私は、谷村に相談して、今度の公演のポスターを、とくに私が描いて印刷させることにした。私は東京の或る小さな画会に所属していて絵も描く。ポスターは、うしろ手に縛られ、天井から吊

されたお美津が、悪漢のムチの下で身体をのけぞらせ、髪はバラバラ、襟もとはくずれて乳房がムツチリとのぞき、もがいた足はフトモモまで露出しているセン情的な絵で、しかも極彩色で描いたので一見して人眼をうばうこと必定であつた。早急に印刷させると、K町の人眼につく所は、ところ構わずベタベタ貼りまくつた。警察から文句を云つてくるかも知れないと思つたが、えゝい、かまうものか、と捨鉢な勢いで町中を貼つて歩いた。この宣伝は確かに効果があつたと思う。貼つたあと、極彩色のポスターの前には、必ず三、四人が立止り、好奇心に溢れた眼で、じつと見つめていた。

興行は昼夜二回で、昼の部は一時から、夜は七時から始まる。地方の客は殆ど夜しか観に来ないので、私は昼の部はアテにして居なかつた。が、初日、開場して三十分も経つと、町の人々がゾロゾロと劇場の入口をくぐり始めた。私は引き幕の間から首を出して、客足を数えていたのだが（しめた）と思つた。開幕までにまだ大分間があるのに、これだけの足が揃えば、幕が開く頃には椅子席が満員になる可能性は充分ある。私は舞台裏を思わず駈け出して、谷村の部屋にとびこんだ。

「座長、もう大分客が詰めて居ますよ。この調子なら、初日第一回は先ず上々です。」

谷村も、思わず化粧の手を止め、満面の笑みを浮べた。

「みんな、君のおかげだよ。だがこれからが本当の勝負だからな。座員達に張り切つてくれと言つてくれ。」

私は楽屋中を、「がんばつてくれよ。」と激励して走りまわつた。

第一場、第二場、第三場と芝居は順調にすゝんで、第四場、古寺の本堂。私は進行の世話で汗びつしよりになつて動きまわつた。

「大道具さアん。今度の幕は柱をしつかり打つておいてくれよ。何しろ重たい女の子が三人も四人も縛られて、寄りかゝつたり吊られたりするんだからね。途中で柱が倒れちやつたりなんかしたら、芝居はメチヤクチヤになつてしまうからな。」

私は、そんな細かい所まで気を使わねばならない。

「おいきた。せいぜいガチヤを効かせておくよ。」

人の好さそうな道具方は、ガチヤと俗に呼んでいる大きなカスガイを舞台の柱にうちこむ。

「イタつき（幕の開く前に舞台に出ている役のこと）はみんな出てくれよう。」

私は大声で怒鳴る。この幕は男女優合せて七人がイタつきである女四人を幕の開く前に縛つて置くのが、私の役目である。旅の劇団なので裏方の人間は極度に制限されていて、私の役は非常に忙がしい。

小道具の縄をあるだけ腰にぶら下げた私は、女優たちを一人一人縛つていく。まだ馴れて居ないので、思うように縄がさばけない。

私は連続の多忙と疲労で気がイライラしてくる。

「ホラ、ちやんと大人しく手を背中に廻すんだよ。じれつたいなアあんまり世話をやかすなよ。」

「いたい、痛い。もう少しゆるめてよ、手首のところ。」

「オツパイのところ、ぎゆつと締めつけられて苦しいのよう。」

「いやよ、首なんかに縄かけちや。」

「こんなにきつく縛られて、大きな地震がきたら、あたしどうしよう。」

「どうせお芝居なんだから、そんなに夢中になつて縛らなくたつていいじやないの？ええ青山さん？」

「アーア、おなかをきつく縛られたら、急にオシツコがしたくなつちやつたア。」

女達は、いろいろうるさく文句を云うが、その表情は、口ほど辛そうではない。一通り縛る終えると、今度は片端しから、猿ぐつわをかけていく。これは、口の中へ何か押しこむというようなことはしない。しかし、やはり、頭のうしろでギユツと結ぶと、相当にこたえるらしく、身体をもがいて訴える。が私は知らん顔で四人を次々に黙らせてしまう。その中に、手下の男優達も位置について、いよいよ幕が開く。

私は、舞台の袖幕から観客の様子をじつとみつめる。幕が開くと、観客席がサツとどよめいた。肌もあらわな四人の娘が、それぞれ違つた型で縛られている。その、もがく姿態には、芝居という形式を越えた真実性がこもつている。私はホソク笑んだ。観客達は眼を異様に血走らせて緊張した表情で吸いつけられたように、凝然と舞台を見つめている。天井から両手を結ばれて吊されている娘の長襦袢の帯は身体のゆれる度に生き物のようにスルスルとほどけ、燃えるような真紅の腰巻と、雪のように白い脚との妖しいまでに美しい対照が魔物のように観つめるものの眼を射る。〃まぼろし〃の手下達の手が、指が、純白の肌をなぶる度に、わずかばかりの衣は次第に皮膚をすべり落ちていく……。

観客の讃辞は、その陶酔に溢れた溜息と吐息で、私にははつきりとわかつた。私は再び座長のもとに走つた。

「谷村さん、喜んで下さい。成功ですよ。だいぶ客に受けているようです。あの調子じや成功間違いなしです。」

「そうか、そいつは有難い。じや、最後の幕でマリと一緒に張り切つてやるぞ。」

（5）

初日の夜の部が終つてから久し張りに大入りの酒宴が開かれた。春風座の初日を観たT町の興行師が向う十日間、一座を買つてくれたのである。「責め」の芝居は成功した。評判が評判を伝えて大入りが続き、春風座にとつて生きかえつたような明るい旅がつゞいた。町によつては、警察が干渉して、肝心の場面がカツトされたというような事件もあつたが、大体は、そこが御時勢の有難さで、そうしたトラブルもめつたに起らなかつた。

縛虐の芝居は、馴れるに従つて巧妙に、いよいよ迫真力を加え、凄惨の美を発揮していつた。と同時に、幼少時より責めの美しさに惹かれていた私にとつて、この旅は強烈な成長を遂げさせずにはおかなかつた。そして、マリとの関係も、云いかえれば、一本の縄が、文字通り結びつけた結果になつてしまつたのである。

最後の幕。古寺の奥室の場があくと、舞台には暗闇の中にお美津が一人縛られている。はじめは暗黒で、それからお美津に青白いスポツトライトがあたつて、だん〳〵明るくなるという効果なのだが、例によつて、そのマリをあらかじめ縛つておくのは私の仕事である。

暗い舞台で私はマリを床に坐らせる。着物の乱れ方が足りないと私は襟をわざとくずし、胸もとをひろげる。それから、マリの両手を後ろにまわしてキリキリと縛りあげる。私のこの手際も、かなりあざやかになつてきている。旅行く先々の古本屋で、縛られた女の絵や写真をあさつて参考にし、私なりの研究も進んでいた。

ちよつと変つた縛り方をすると、マリはすぐ気づいて、

「アラ、今日は違う縛り方ね。青山さんもずい分研究しているのね。」

などと云う。そのうちに、或る日のこと、

「今日の縛り方より、昨日の縛り方のほうが、いいんじや、ないかしら?」

「どうして?」

「どうしてつて云われても困るけどなんだか、そのほりが、お客さんに喜ばれるような気がするの……」

「しかし、昨日の縛り方は相当に本式に縛つたんで、君には苦しかつた筈だよ。」

「でも、この頃あたしには苦しい位が……」

と、云いかけるとマリは、うつとりした表情で、私を意味あり気な、媚をふくんだ眼でチラとみた。私は瞬間ハツとした。あれ程縛られるのをいやがつたマリが、緊縛に快感を覚えはじめている！私は縛つたマリの肩を思わず強くつかんだ。

「マリちやん！」

マリは、いぶかし気に、しかし身体の抵抗はなく、つかんだ私の腕の中に身をまかせると、

「なアに?」

と、私の眼をのぞきこむように見て、艶然と微笑んだ。

（この女に、マゾを覚えさせてしまつた！）マリは、こうした環境

の女に似ず、まだ多くの純真さを残している娘であつた。一座の男達の露骨な誘惑にも負けずに、いつかは、まじめな芝居に魂を打ちこむ日の来るのを夢みていた。そのマリに、縛られる快感を覚えさせてしまつたのは私だ。その責任は厳密に云えば私ではない。しかし私の胸には、罪悪感に似た後悔が去来した。

私は、マリの眼を見つめたまゝ、念を押すように、

「マリちやん、君、もう縛られても痛くないの？怖くないの？」

マリは、ゆるやかに首を横にふつた。私の胸を、云いようのない感情が急激にゆすぶつた。私はマリの身体を抱いた。固い縄目の中の、やわらかいマリの肉体。マリは転げるように私の胸にその乳房を寄せた。私は眼の前のマリの紅い唇に、はげしく自分の唇を押していた。

切り出しの大きな柱のかげで、私達は、はじめての接吻を交したその夜遅く、芝居が閉ねてから、私とマリは、宿を脱け出て、暗い田舎の町を歩いた。私達は愛を誓い合つた。

町はずれの林の中。生い茂つた草むらに、夏の虫がはげしく鳴いていた。私達は腰を下すと、再び抱き合つて唇を吸い合つた。マリは、しばらくの間私の首に手を廻して居たが、それをそつと離すと

「私を縛つて……」

と、かわいた声で云つた。

「こんな所で？」

私は、思わず聞きかえすと、

「この、露に濡れた草の上で縛られたいの……」

「でも、縄がないよ。」

「あなたの、その浴衣の帯でいいわ。」

私は、宿の浴衣の帯を手早く解くと、これも浴衣を着ているマリの手をねじ上げた。ビリッと浴衣の破れる音がした。八ツ口からぞいたマリの白い二の腕に私は口を寄せるとガブリと噛んだ。

「ああツ……」

マリのうめき。私はマリの白く豊満な腕を噛み、その歯型をペロペロとなめ、そして息のとまる程つよく吸い上げた。

「縛つてエ、早く縛つてエ……」

私はパツと離れると、狂気のようにマリを草の中に突き倒し、全身の力をこめて両腕を背中にねじ上げ、膝で押さえつけると、

「こうか、こうか、これでよいのか！」

と、縛り上げた。はだけた乳房に喰いこんだ帯は露に濡れて光つた。私はハアハア息をはずませながら、マリを仰向きにさせ、馬乗りになつて、尚も押さえつけた。月光に照らされたマリの顔は恍惚として、陶酔の極致に、眼を半開きにしたまゝ、死んだように動かなかつた。（愛情か！愛情か！これが愛情というものか！）露に濡れた私の顔に、ゆえ知れぬ涙がにじんで解け合い、私はかすかな嗚咽をあげながら、マリの………………………臥していた

（6）

舞台ではマリが縛られている。

胸乳と腰のまわりを残して、あとは全裸の肌にきびしく縄がからみついている。舞台の中央、一段高い床の柱に石膏像のように白く均勢のとれたマリの裸体は、青白く炎のように燃えていた。足首、膝、モモ、モモの附け根、腹、乳房の下、上、首、そして口には猿ぐつわと、見るも無残に緊縛されたマリ。腹にまきついた縄は、

脂肪にふくれた肉の中に、ギリギリと縄が没する程喰いこんでいる
ぐるりと取り囲んだ悪漢共は手に手に棒や竹ぎれを持つて、代る代るマリを責めるのだ。牛乳のように白くヌメヌメとしたマリの肌から汗がにじみ、それが玉になつて流れる。青白いスポツトライトに照らされて、肌から縄へ、縄から肌へ、キラキラ光りながら流れる汗。そのスポツトライトをあてているのは私である。薄暗い客席を見下す照明ボツクスで、私は妖しい興奮に胸をときめかせ、唇を嚙みながら、ライトをマリにあてている。マリが打たれ、突かれてうめき、のぞける度に私は力をこめて、赤、青、黄、と色板をまわすのだ。プリプリした豊満なモモとモモの間に棒をねじ込んだ悪漢の一人が、グイグイとその棒をこじる。猿ぐつわの下で、うめきにならないうめき声が、低くにぶく観客の耳に響く。身をふるわせたマリの責苦を耐える表情は、しかし、苦痛の表情ではなく、恍惚とした夢みるような半開きの眼なのだ。少くともマリにとつて、この折檻の場は、俳優を忘れて鞭うたれる喜びに陶酔し、そして、縛られた自分の肉体を多くの人眼にさらさす歓喜に、思う存分浸ることのできる貴重な時であつたに違いない。

悪漢に扮した男優達が、ボール紙を巻いて色を塗つた樫棒で、マリの肉体をわが物顔に叩くのを、俳優でない私は嫉妬に苛まれながら、青白い光線を、願いをこめ、力をこめて、マリに放射するのだ冷たい光りは、無数の針となつてマリの皮膚に突きさゝり、細かく傷だらけになつた白い肌から真赤な血の玉が吹き出す。そんな幻想が私の脳裏に熱く燃え、暗いせまい照明ボツクスの中で、愛しいマリの責められる姿態を、私は喰い入るようにみつめるのである。

夏も過ぎ、旅する身に秋風が吹き初める頃、春風座は一旦、東京に引き揚げることになつた。東京で一ケ月程骨休みしたあと、私達の一座はまた新しい悦虐の芝居をもつて旅に出た。春風座にとつて私はもう欠けることのできない座員になつていた。私も又、離れようとしても離れられない宿命の鎖に引きずられていつた。マリとの凄惨な情痴。日夜、享楽に狂い溺れた私とマリ。そこにはなんの希望も発展もみられなかつた。虚無と頽廃から逃れる為に出た旅は、私にとつて尚更、悪魔の道に深入させる結果になつてしまつた。だが、なんという甘美な、悪魔の美酒であろうか。私達は東海道を順に下つて、楽しい悦虐の旅を続けた。私は俳優を志願し、マリと一緒に強烈な刺激に酔い痴れた。

その時のことを、私は是非また、書きたいと思う。（おわり）

あとがき

インタビュアーの私がこの一文を記すことになったのは、飯田豊一さんが九月に急死されたからです。高齢ではありましたが、インタビュー時にはとても元気で、まさか亡くなるとは思ってもいませんでした。

八月半ば、事実確認や年代チェックのために電話したところ、今年の夏は猛暑でたまらないし、もう死ぬのかもしれないなどと冗談めかして言われたことが記憶に残っています。でもそれが本当になってしまうとは……。

そのような事情もあって、本書は飯田さんへの追悼の意味もこめて刊行されることになります。本インタビューを須磨利之へのレクイエムもこめて閉じたのですが、さらに飯田さんへのレクイエムの一冊、その遺言の書ともなってしまいました。

しかし、その残された一冊が『奇譚クラブ』と『裏窓』の最後の当事者といえる飯田さんならではのかつてなかった貴重な出版史であり、また異色の文学史であることを信じて疑いません。

また、『奇譚クラブ』にしても、『裏窓』にしても、執筆者や投稿者に関して多くの謎が秘められ、それは読者や関係者も同様です。プライバシーの問題もあり、それらについては深く言及できませんでしたが、今後の課題としたいと考えております。それらも含め、読者からご感想、及び情報を寄せて頂ければ幸いに存じます。

なお、このインタビューのコーディネイト、資料収集、事実確認に関して、論創社編集部の黒田明さんの多大な尽力によっていることを記し、飯田さんのご冥福を祈り、本書を刊行する次第です。

小田光雄

飯田豊一（いいだ・とよかず）
1930年東京生まれ。デザイナーを経て編集者となり、61年に久保書店へ入社。『裏窓』編集長と『サスペンスマガジン』編集長を歴任後、69年に独立してからはマルチクリエーターとして活躍の場を広げる。2007年に「天狗のいたずら」（田端六六名義）で第5回北区内田康夫ミステリー文学賞を受賞。2013年9月死去。

『奇譚クラブ』から『裏窓』へ――出版人に聞く⑫

2013年11月20日　初版第1刷印刷
2013年11月25日　初版第1刷発行

著　者　飯田豊一
発行者　森下紀夫
発行所　論 創 社
東京都千代田区神田神保町2-23　北井ビル
tel. 03（3264）5254　fax. 03（3264）5232　web. http://www.ronso.co.jp/
振替口座　00160-1-155266
インタビュー・構成／小田光雄　装幀／宗利淳一
印刷・製本／中央精版印刷　組版／フレックスアート
ISBN978-4-8460-1288-5　